ofners BACK schule

Impressum

Fotonachweis: Irmtraud Weishaupt-Orthofer (S. 9), Pezibear/Pixabay (S. 12 oben), Neelam/Pixabay (S. 12 unten)
Alle übrigen Fotos: Kurt Elmleitner (www.kurt-elmleitner.at)

AUF WUNSCH SENDEN WIR IHNEN GERNE KOSTENLOS UNSER VERLAGSVERZEICHNIS ZU
Leopold Stocker Verlag GmbH
Hofgasse 5
Postfach 438
A-8011 Graz
Tel. +43 (0)316/821636
Fax. +43 (0)316/835612
E-Mail: stocker-verlag@stocker-verlag.com
www.stocker-verlag.com

BIBLIOGRAPHISCHE INFORMATION DER DEUTSCHEN NATIONALBIBLIOTHEK
Die Deutsche Nationalbibliothek verzeichnet diese Publikation in der Deutschen Nationalbibliographie; detaillierte bibliographische Daten sind im Internet über http://dnb.d-nb.de abrufbar.

Hinweis: Dieses Buch wurde auf chlorfrei gebleichtem Papier gedruckt. Die zum Schutz vor Verschmutzung verwendete Einschweißfolie ist aus Polyethylen chlor- und schwefelfrei hergestellt. Diese umweltfreundliche Folie verhält sich grundwasserneutral, ist voll recyclingfähig und verbrennt in Müllverbrennungsanlagen völlig ungiftig.

ISBN 978-3-7020-1890-0

Umschlaggestaltung, Layout und Repro:
Werbeagentur Rypka GmbH, A-8143 Dobl/Graz,
Unterberg 58-60, www.rypka.at

Inhaltsverzeichnis

Alphabetisches Register

SCHRITT-FÜR-SCHRITT-ANLEITUNGEN

REZEPT-REGISTER

Dankeschön!

Es gibt viele Menschen, denen ich großen Dank aussprechen möchte. Der größte Dank gilt aber zuerst einmal Ihnen, liebe Leserinnen und Leser dieses Buches! Nur durch meine große Fangemeinde kann ich meinen Traum als Backprofi leben.

Das Selberbacken von Brot ist mittlerweile ein großer Trend geworden – und ich bin stolz darauf, daran nicht ganz unschuldig zu sein.

Besonderen Dank möchte ich, wie auch schon bei meinen vorigen Büchern, meinem Freund und Fotografen Kurt Elmleitner aussprechen. Unsere Fotosessions haben wir nie als Arbeit gesehen. Wir hatten immer großen Spaß, und unsere Ansprüche wurden auch immer größer.

Danke, lieber Kurt, für deinen Einsatz! Dieses Buch lebt ja von den tollen Bildern – ich freue mich bereits auf die nächsten Bände.

Ein Dankeschön an die Farina-Mühle in Raaba bei Graz. Wir durften in der Mühle fotografieren, und ich bekam auch stets Hilfe bei Fragen rund ums Mehl, den Mahlprozess u. v. m.

Vielen Dank auch dem Leopold Stocker Verlag in Graz, der seit 2012 an meiner Seite ist und es mir ermöglicht, weitere Bücher auf den Markt zu bringen.

Zu guter Letzt danke ich meiner lieben Frau Michaela, die einige Wochen abends auf mich verzichten musste. Sie hat mir während der Buchproduktion den Rücken komplett freigehalten und mich quasi abgeschottet, damit ich in Ruhe arbeiten konnte! Danke, liebe Michaela, du weißt, was für ein Spitzen-Team wir sind! Ohne dich wäre alles nicht so einfach gewesen!

MEINE REZEPTE SCHREIBT DIE *Natur!*

Als ich im April 2019 meine Backschule an meinem Firmenstandort in Gleisdorf eröffnete, wurde ich von der heimischen Presse als „frisch gebackener Schuldirektor“ vorgestellt.

Bereits bei meiner großen Eröffnungsfeier kam mir der Gedanke, dass ich nun ja einen Bildungsauftrag meinen Backschülern gegenüber habe – Zeit also für eine komplett neue Buchserie!

Den ersten Band halten Sie gerade in Ihren Händen. Dieses Buch über das Backen mit Roggensauerteig zu schreiben, war für mich eine Herzensangelegenheit – und vor allem auch der große Wunsch meiner Fangemeinde. Deshalb dreht sich in diesem ersten Band der neuen Reihe „Ofners Backschule“ alles um den Natursauerteig: Von allgemeinen Informationen über die unterschiedlichen Methoden der Sauerteigführung bis hin zum Backen finden Sie hier alles Wissenswerte über Brot und Gebäck aus Roggensauerteig! Geschichtliches zum Thema Brot, die Herstellung von Mehl, Fachbegriffe, Tipps und Tricks rund um das Selberbacken sowie die Beschreibung möglicher Fehler und deren Vermeidung runden dieses Buch ab.

Die Herstellung von Natursauerteig habe ich besonders ausführlich beschrieben: Ich habe stets alle Arbeitsschritte genau dokumentiert, fotografiert und natürlich nach bestem Wissen und Gewissen niedergeschrieben.

Mit meinen reich bebilderten Schritt-für-Schritt-Anleitungen möchte ich Ihnen das Thema Backen mit Roggensauerteig schmackhaft machen und Ihnen zeigen, wie einfach das Selbermachen von Natursauerteig ist. Ich möchte Ihnen verständlich aufzeigen, wie Sie Fehler vermeiden und worauf Sie achten sollten, damit Ihr Brot und Gebäck wirklich gut gelingt.

Durch meine mittlerweile jahrzehntelange Erfahrung als Bäckermeister kann ich Ihnen mit diesem Buch im wahrsten Sinne des Wortes ein „Meisterwerk" garantieren. Es freut mich ganz besonders, Ihnen traditionelle, typische Rezepte für Brot und Kleingebäck zu präsentieren: vom Bäckermeister persönlich kreiert und wie man sie vom Bäcker kennt (vielleicht nur noch etwas besser ☺).

Alle Rezepte in diesem Buch wurden mindestens fünfmal probegebacken und ausgiebig verkostet.

Ich wünsche Ihnen von ganzem Herzen viel Freude beim Nachbacken der Rezepte!

Christian Ofner

Meine Backschule ist mein ganzer Stolz und außerdem die erste Backschule in der Steiermark!

Geschichtliches

BROT IST EINES DER ÄLTESTEN NAHRUNGSMITTEL. BEREITS IN DER JUNGSTEINZEIT VOR RUND 11.000 JAHREN HABEN UNSERE VORFAHREN DAMIT BEGONNEN, GETREIDE ANZUBAUEN, WILDGETREIDE WURDE SCHON LANGE DAVOR ALS NAHRUNGSMITTEL GENUTZT.

Die ersten kultivierten Getreidesorten waren Einkorn und Emmer. Erst später nahm die Getreidevielfalt zu, und neue Sorten wie Weizen und Gerste wurden angebaut. Im rauen Klima Europas wurde lange Zeit nur Roggen kultiviert. Nachdem unsere Ahnen die Getreidekörner jahrelang einfach nur roh kauten, kam man irgendwann auf die Idee, das Getreide zu zerstampfen und mit Wasser zu einem Brei anzurühren. Bis zu dem Tag, als jemand seinen Brei auf einem heißen Stein vergaß und – Überraschung! – dieser Brei sich in eine Art Fladenbrot verwandelte. So war eine sehr praktische und vor allem lange haltbare Mahlzeit für zwischendurch entdeckt worden. Das Brot war jedoch nicht vergleichbar mit dem, wie wir es heute kennen, denn es war hart und trocken.

Die Ägypter waren vor etwa 6000 Jahren die ersten, denen es gelang, Brot zu backen, das dem von heute gleicht. Durch Zufall „entdeckten" sie den Sauerteig: Ein Teigstück, das liegenblieb und vergessen wurde, entwickelte sich ganz von allein zum ersten Sauerteig. Natürliche Hefepilze und Milchsäurebakterien sorgten für eine Gärung. Diese war nicht nur für die spätere Namensgebung „Brot" verantwortlich (ahdt. „prôt" = „Gegorenes"). Der gärende Sauerteig lockerte auf wundersame Weise den Teig, sodass dieser luftig und saftig wurde, eine Tatsache, die wir heute noch nutzen.

DAS WUNDERSCHÖNE ZUNFTSCHILD EINER ALTEHRWÜRDIGEN BÄCKEREI IN GRAZ

Im Mittelalter waren die verschiedenen Handwerker in Zünften organisiert. Jedes Handwerk hatte sein eigenes Zeichen, das den Beruf bildlich darstellte. Die Brezel war das Zunftzeichen der Bäcker.

VERBREITUNG DES BROTS

Die alten Ägypter kannten schon mehr als 30 Brotsorten. Die „Brotesser", wie sie manchmal scherzhaft genannt wurden, probierten herum, bauten neuartige Öfen und hatten sogar schon Bäckereien. Von Ägypten aus verbreitete sich die Kunst des Brotbackens und wurde in verschiedenen Regionen je nach den dort herrschenden Bedingungen (vorhandenes Getreide usw.) abgeändert. So verfeinerten z. B. Bäcker aus Athen ihr Brot mit Honig und Wein. Sie glaubten, die Götter hätten das Brotbacken erfunden, für sie war Brot daher ein Symbol der Götter. Für die weitere Verbreitung in Europa sorgten die Römer. Sie waren erfindungsreich, was die Verbesserung des Mahlvorganges betraf, mit ihren neuartigen Mühlen konnten sie sehr feines Mehl mahlen.

Für die breite Bevölkerung spielte Brot als Grundnahrungsmittel erst seit dem späten Mittelalter eine Rolle, da Brot bis dahin zu teuer war. Stattdessen war für einen Großteil der Bevölkerung gekochter Getreidebrei Alltagskost.

Das Bäckerhandwerk ist ein wunderbarer Beruf. Ich habe den Beruf des Bäckers in der Steiermark erlernt und war mit 22 Jahren der jüngste Bäckermeister des Landes.

ENTWICKLUNG DER BÄCKERZUNFT

In den Regionen, die heute zu Österreich gehören, ist der Beruf des Bäckers mindestens seit der Zeit Karls des Großen (768–814) bekannt. Damals arbeiteten überwiegend Leibeigene an Fronöfen oder Klosterknechte an Klosteröfen. Durch das Wachstum der Städte bildete sich im 10. Jahrhundert der Bäckerberuf als „freier" Berufsstand heraus. Verwendet wurde die Berufsbezeichnung „Beck" (kurz für „becker") oder „Pfister" (vom lateinischen „pistor"). Anfangs verfügten die wenigsten Bäcker über einen eigenen Ofen. Ihre Waren buken sie daher in den stadteigenen Öfen, die von den Bäckern nur abwechselnd genutzt werden konnten.

Etwa ab dem 12. Jahrhundert organisierten sich die Bäcker in Zünften, die ihre Interessen gegenüber der Politik vertraten und den Wettbewerb untereinander regelten. Zünfte beschafften für ihre Mitglieder unter anderem Arbeitsmaterial und Rohstoffe, schufen strenge Vorschriften für das Handwerk, legten Ausbildungsnormen fest, überprüften die Güte der Waren, bestimmten Preise, Löhne und Arbeitszeiten und kümmerten sich auch um die Alters- und Krankenversicherung von Mitgliedern. Bäcker, die sich nicht an die Zunftordnung hielten, wurden empfindlich bestraft und erhielten schlimmstenfalls Berufsverbot. Mit zunehmender Verbreitung des Bäckerberufs begann eine Spezialisierung, die sich wiederum in neuen Zünften organisierte. So unterschied man zwischen dem Schwarzbäcker, der Roggen- und halbweiße Brote herstellte, und dem Weißbäcker, der alle Sorten von Hefe- und Milchbrotwaren sowie Kuchen machte. In Süddeutschland bildete sich die Zunft der „Lebküchner und Pfefferküchler", während sich in den Hansestädten beispielsweise die Bäcker von Schiffszwieback als „Hartbäcker" organisierten.

Zu Beginn des 19. Jahrhunderts verloren die Zünfte ihre Macht und wurden aufgelöst. Es herrschte Gewerbefreiheit, so dass jeder seinen Beruf frei wählen konnte.

VOM BÄCKERHANDWERK ZUR „BACKINDUSTRIE"

Das Bäckerhandwerk war anstrengend und kräfteraubend. Über Jahrhunderte hinweg haben Bäcker auf ihre altbewährte Art und Weise Brot gebacken. Arbeitserleichterungen durch Maschinen gab es in Österreich erst nach dem Zweiten Weltkrieg.

Das meiste Brot, das in Supermärkten oder auch in großen Bäckereiketten erhältlich ist, wird heute industriell hergestellt und enthält eine Reihe von künstlichen Zusatzstoffen. Diese sorgen für resches und doch saftiges Brot. Konservierungsstoffe machen das Brot länger haltbar. Oftmals wird gar kein Sauerteig zum Backen verwendet. Sauerteig würde das Brot bekömmlicher machen, braucht aber viel Zeit zum Reifen, und diese Zeit gibt man dem Brot in der „Massenherstellung" nicht.

Wenn Sie auf all diese künstlichen Zusatzstoffe, Konservierungsstoffe usw. verzichten wollen, wenn Sie wirklich gutes, bekömmliches und gesundes Brot haben wollen, backen Sie es selbst! Und zwar mit Sauerteig, wie es in diesem Buch beschrieben wird.

DAS WICHTIGSTE ZUERST: *Mehl*

UNSER TÄGLICHES BROT IST EINES UNSERER GRUNDNAHRUNGSMITTEL. UND DABEI BESTEHT ES AUS WENIGEN GRUNDZUTATEN: MEHL, WASSER, SALZ UND TRIEBMITTEL, ALSO HEFE BZW. IN UNSEREM FALL SAUERTEIG.

Auf Wasser und Salz müssen wir an dieser Stelle nicht eingehen, aber zum Mehl und vor allem zum Sauerteig gibt es viele Informationen, die ich Ihnen in den nächsten Kapiteln detailliert näherbringen möchte. Zunächst geht es um die Hauptzutat: das Mehl.

Und dann soll hier auch kurz auf den Mahlvorgang eingegangen werden und warum es verschiedene Mehltypen und Feinheitsgrade gibt.

VOM GETREIDEKORN ZUM MEHL

Das Getreidekorn wird mit dem Einsetzen der Totreife am Feld geerntet. Meist bringen die Landwirte ihre Getreideernte zu Händlern, die das Getreide je nach Qualität einstufen (z. B. bei Weizen Premiumweizen, Qualitätsweizen, Mahlweizen, Futterweizen) und in geeigneter Form cinlagern.

Das Getreide wird dann von Müllern bei den Händlern nach Bedarf bestellt; je nach Erntejahr kann es einen Überschuss oder einen Mangel an den verschiedenen Getreidequalitäten geben. Das spiegelt sich dann auch im Preis wider.

VOR DEM MAHLEN

Müller bestellen beim Händler oder fallweise auch direkt beim Landwirt Getreide, das vor äußeren Witterungseinflüssen geschützt angeliefert wird. Vor der Annahme werden verschiedene Parameter wie z. B. Qualität, Lagerfähigkeit, eventuelle Fremdbestandteile sowie Insektenbefall geprüft. Nach der Annahme wird das Getreide grob gereinigt, es werden Staub, Stroh, Spelzen usw. entfernt, das gereinigte Getreide wird eingelagert.

WEIZEN IST NACH MAIS UND REIS DAS AM DRITT-HÄUFIGSTEN ANGEBAUTE GETREIDE WELTWEIT.

ROGGEN KANN IM GEGENSATZ ZU WEIZEN TROTZ RAUEM KLIMA AUCH IN HÖHEREN LAGEN ANGEBAUT WERDEN.

In genau festgelegten Intervallen werden später weitere Parameter kontrolliert, welche die Backfähigkeit beeinflussen (Fallzahl, Extensogramm, Feuchtklebergehalt etc.), und das Mehl wird auf Rückstände bzw. Kontaminaten (Pestizide, Mykotoxine, Schwermetalle etc.) überprüft.

Wenn die genannten Parameter den festgelegten Anforderungen entsprechen, werden vom lagernden Mühlengetreide passende Mischungen erstellt, die nach penibeln Reinigungsvorgängen (Entfernen von Fremdsämereien, Steinen, schlecht entwickelten Getreidekörnern, Staub etc.) und darauffolgender Netzung zur Vermahlung gelangen. Netzen nennt man das Anfeuchten von Getreide, um die Schalen der Getreidekörner für die Vermahlung in möglichst zähen Zustand zu versetzen, da in weißem Mehl keine Kleieteilchen (Stippen) enthalten sein sollen.

VERMAHLUNG & FEINHEITSGRAD

Nach der Netzung passiert das Getreide den ersten sogenannten Walzenstuhl. Diese Maschine besteht grob beschrieben aus zwei gegeneinander laufenden Stahlwalzen, die eine Perforierung aufweisen und in unterschiedlicher Geschwindigkeit angetrieben werden. Dadurch wird das Getreide zwischen die Walzen gezogen und aufgebrochen. Nach diesem Schritt wird das erzeugte Mahlgut in sogenannten Sichtern erstmals in Schrot-, Grieß- und auch schon Mehlfraktionen aufgeteilt. Sichter kann man sich wie schwingende Kästen vorstellen, in denen sich unterschiedlich grobe oder feine Siebe befinden.

Schrote werden fast ausnahmslos weiter zu Grieß und Mehl vermahlen. Mehle können mit unterschiedlichstem Feinheitsgrad „gezogen“, also aus dem Mahlprozess entnommen werden. Je nach Feinheitsgrad unterscheidet man in Österreich z. B. zwischen glattem und griffigem Mehl. Das glatte ist sehr fein vermahlenen und hat eine geringe Korngröße, das griffige ist etwas gröber vermahlen. Als dritter Feinheitsgrad liegt das Universal-Mehl von der Korngröße zwischen den beiden.

Der Vorgang von Vermahlung und Absiebung wiederholt sich je nach Bauart der Mühle ungefähr zwanzigmal. Was neben den erzeugten Grießen und Mehlen übrig bleibt, ist die Schale, die sogenannte Kleie. Diese findet zumeist als Futtermittel Verwendung.

DAS *Getreidekorn* IM ANSCHNITT MIT ERKLÄRUNG

WEIZENKORN

ROGGENKORN

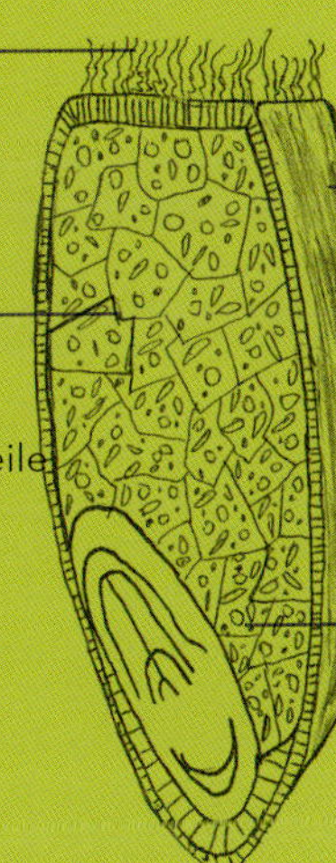

VORDEPOT EINES SCHROT-WALZENSTUHLS (OBEN) BZW. EINES GRIESSWALZEN-STUHLS: DAS GETREIDE WIRD SO LANGE GEMAHLEN, BIS DIE SCHALE/KLEIE SAUBER VOM MEHLKÖRPER GETRENNT IST.

DAS GETREIDE WIRD AUF WALZENSTÜHLEN VERMAHLEN, HIER DER GESAMTE „WALZENBODEN", ALSO ALLE WALZENSTÜHLE, DER FARINA-MÜHLE.

Bei unserem Besuch in der Farina-Mühle in Raaba haben wir Einblick in die interessante Welt der Mehlherstellung gewonnen. Viele unterschiedliche Maschinen und Arbeitsschritte sind nötig, um die verschiedenen Mehltypen zu erhalten!

AUSZUGS- UND TEILAUSZUGSMEHLE

Die unterschiedlichen Mehltypen entstehen im Verlauf des vorher beschriebenen Vermahlungsprozesses. Für weiße Mehle (Auszugsmehle) werden die komplette Schale und der wertvolle Keim der Getreidekörner entfernt, sie werden „aufgebrochen". Vermahlen wird lediglich der Mehlkörper, daraus entstehen die hellsten Mehle, die kaum Mineralstoffe enthalten wie z. B. Type W480 (in Deutschland Type 405).

Für Teilauszugsmehle werden zunächst auch die Schalenschichten und der Keim von den Getreidekörnern entfernt, ein Teil der Schalen wird dem Mehlkörper wieder zugefügt und beides wird zusammen vermahlen. Mit fortlaufendem Vermahlungsprozess entstehen zunehmend dunklere Mehle (Teilauszugsmehle), also Mehle mit höherem Mineralstoff- und Ballaststoffgehalt und daher höherer Typenzahl.

BEDEUTUNG DER TYPENZAHLEN

Für die Bestimmung der Typenzahl wird in einem Muffelofen bei ca. 900 °C das Mehl 2 Stunden verascht. Der Ascherückstand, der beim Verbrennen

GETREIDE WIRD UNTERSCHIEDLICH FEIN VERMAHLEN

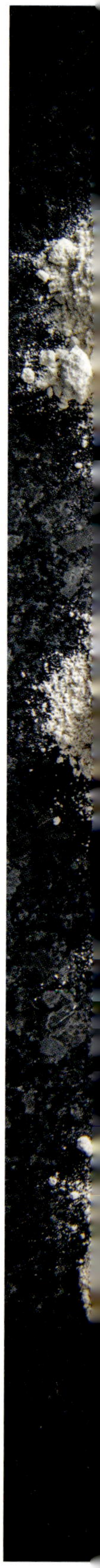

von 100 g Mehl zurückbleibt, ergibt die Typenzahl. Da nur die organischen Mehlbestandteile verbrennen, die Mineralstoffe aber als nicht verbrennbarer Rückstand übrig bleiben, ist die Typenzahl gleichzeitig das Maß für den Mineralstoffgehalt des jeweiligen Mehles (z. B. W480 enthält etwa 0,48 % Mineralstoffe). Je niedriger der Mineralstoffgehalt, desto heller ist das Mehl.

VOLLKORNMEHL

Es gibt neben Auszugs- und Teilauszugsmehlen, bei denen Teile der Schale mitvermahlen werden, auch reine Vollkornmehle, für die wirklich das gesamte Getreidekorn vermahlen wird. Im Unterschied zu den Auszugs- und Teilauszugsmehlen hat Vollkornmehl keine Typenzahlen, weil der Mineralstoffgehalt von Getreide nie 100%ig gleich ist, er ist abhängig von Anbaugebiet, klimatischen Bedingungen während des Reifungsprozesses usw.

Es gibt verschiedene Herangehensweisen zur Vollkornmehlherstellung. Die einfachste Variante ist die Erzeugung in einer sogenannten Hammermühle. Dabei wird das Getreidekorn lediglich mit-

MEHLSORTE	D	Ö
Weizenmehl, bevorzugtes Haushaltsmehl, gute Backeigenschaften	Type 405	Type W480
Weizenmehl mit höchster Klebereigenschaft, backstark für feinporige Teige	Type 550	Type W700
Weizenmehl dunkel mit höherem Schalenanteil, z. B. für Mischbrote	Type 1050	Type W1600
Roggenmehl	Type 997 od. 1150	Type R960 „Normal“
Mehle mit vollem Kornanteil haben keine Typenzahl	Vollkornmehl	Vollkornmehl
Dinkelmehl	Type 630	Type 700

tels eines laufenden Schlägerwerks so lange gegen einen Siebmantel geworfen, bis es diesen durchdringt und somit die gewünschte Feinheit erreicht hat.

Die zweite Variante ist die Erzeugung in einem Mühlensystem mit Walzenstuhl und Sichtern. Dabei werden grobe und feine Fraktionen zuerst getrennt und später nach Erreichen der gewünschten Korngröße wieder miteinander vermengt. Der Vorteil dieser Methode liegt darin, dass man feines Mehl mit gröberen Schalenteilchen (Kleie) erzeugen kann.

LAGERUNG UND FRISCHHALTUNG VON MEHL

Mehl sollte idealerweise bei einer Temperatur unter 20 °C bis maximal 30 °C gelagert werden. Dazu eignet sich im Hausgebrauch z. B. ein Schraubverschlussglas gut. Auch die Luftfeuchtigkeit sollte nicht zu hoch sein.

JEDES MEHL HAT ANDERE BACKEIGENSCHAFTEN. SO BENÖTIGT VOLLKORNMEHL ETWA 5-10 % MEHR FLÜSSIGKEIT.

Jeder, der leidenschaftlich gerne unterschiedliche Brot- und Gebäcksorten bäckt, freut sich über die unglaubliche Vielfalt an Mehlen. Ob aus Roggen-, Weizen-, Dinkel- oder anderen Getreidekörnern gemahlen, ob Auszugs- oder Vollkornmehl, glatt oder griffig vermahlen – erst diese Vielfalt sorgt auch für Abwechslung im Brotkörberl!

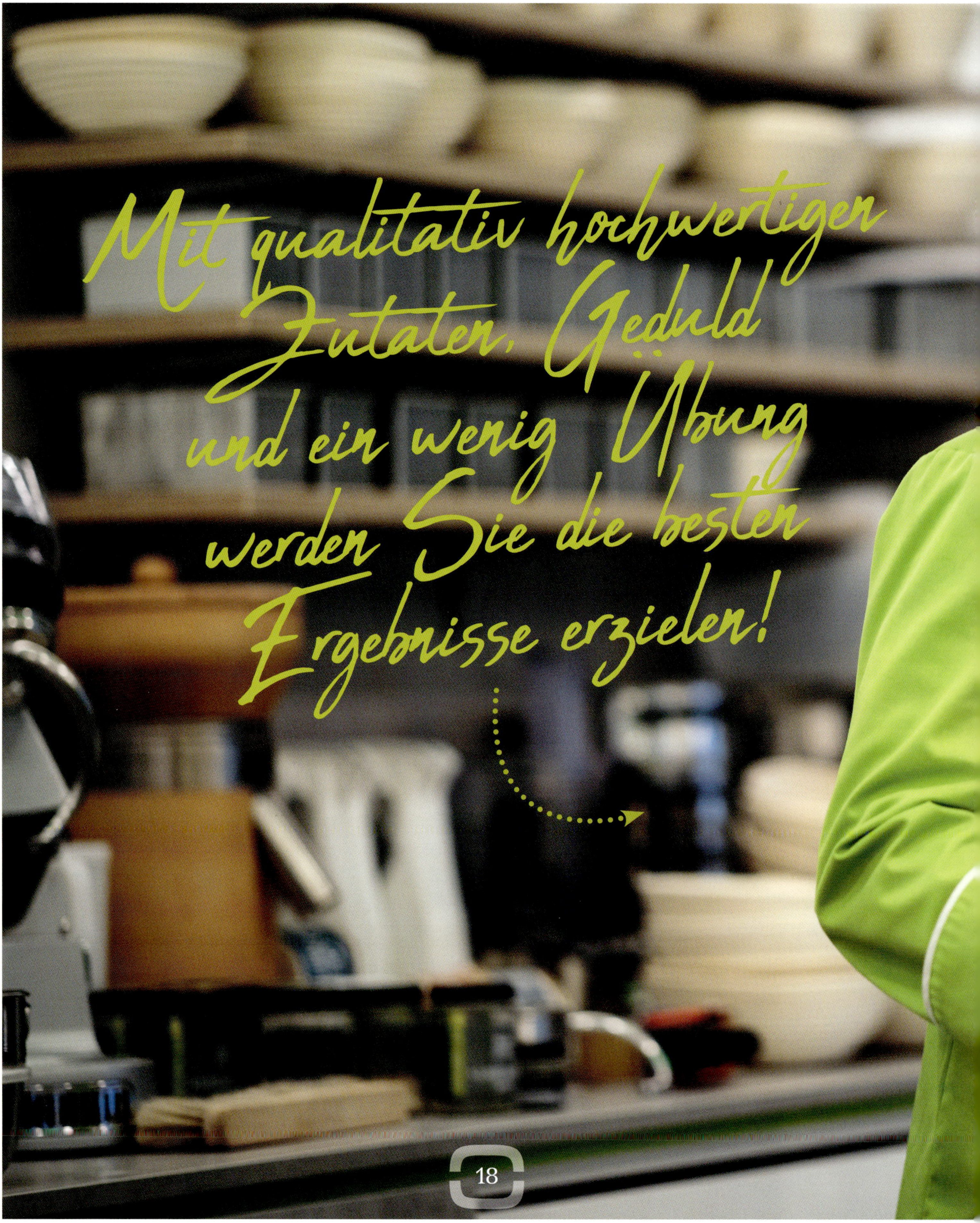

Mit qualitativ hochwertigen Zutaten, Geduld und ein wenig Übung werden Sie die besten Ergebnisse erzielen!

WEITERE Backzutaten

ZUM BACKEN VON HERRLICHEM BROT UND GEBÄCK AUS SAUERTEIG WERDEN STRENG GENOMMEN NUR DIE VIER BEREITS ERWÄHNTEN GRUNDZUTATEN MEHL, WASSER, SALZ UND TRIEBMITTEL BENÖTIGT.

Allerdings kann man ganz nach eigenen Geschmacksvorlieben variieren, was das Zufügen von Gewürzen und Saaten betrifft.

BROTGEWÜRZE

Die beliebtesten Brotgewürze sind Kümmel, Fenchel, Koriander, Anis und Brotklee, der auch als Schabziger Klee bekannt ist. Diese Gewürze können nach Belieben im Ganzen, geschrotet, aber auch fein vermahlen verwendet werden. Bei den Rezepten in diesem Buch habe ich mich jedoch bewusst mit den Gewürzen zurückgehalten, damit der Brotgeschmack im Vordergrund steht.

Brotgewürzmischungen gibt es fertig zu kaufen, Sie können natürlich auch selbst Ihre eigene Mischung ganz nach persönlichem Geschmack zusammenstellen.

Die gewünschten Gewürze lassen sich mit einer Kaffee- oder Getreidemühle problemlos fein vermahlen. Möchten Sie eher eine gröbere Gewürzmischung, können Sie die Samen mit einem Mörser grob zerkleinern.

Sie können Ihre selbst gemachte Brotgewürzmischung auch gleich in größerer Menge vorbereiten. Damit die Mischung frisch bleibt, sollte sie in einem Glas mit Schraubverschluss gelagert werden.

SALZ

Salz ist nicht gleich Salz. Ich lege sehr viel Wert auf hochwertige, naturbelassene Backzutaten und verwende ausschließlich ein sogenanntes Quellsalz, das ich aus Portugal beziehe.

Reinweißes Salz, das unter der Bezeichnung Koch- bzw. Speisesalz im Supermarkt verkauft wird und das in nahezu allen Fertigprodukten der

EINE AUSWAHL TYPISCHER BROTGEWÜRZE, DIE SIE GANZ NACH PERSÖNLICHEM GESCHMACK MISCHEN ODER EINZELN VERWENDEN KÖNNEN.

Lebensmittelindustrie enthalten ist, gehört nicht zu den naturbelassenen Salzen. Es handelt sich um kein ganzheitliches Lebensmittel mehr. Es wurde aufwendig industriell verarbeitet, gebleicht, bei hohen Temperaturen gesiedet und gereinigt (= raffiniert), sodass es – denn so schreibt es das Gesetz vor – nur noch aus Natriumchlorid besteht.

Statt Mineralstoffen (z. B. Kalium, Magnesium etc.) und Spurenelementen (z. B. Selen, Silizium, Zink etc.), die in naturbelassenem Salz vorhanden sind, enthält Industriesalz einen interessanten „Ersatz", nämlich verschiedene Chemikalien. Dazu gehören Rieselhilfen (Anti-Klumpmittel, z. B. Aluminium(hydr)oxid oder Kaliumhexacyanidoferrat) sowie Jod- und Fluorverbindungen zur vermeintlichen Prophylaxe von Schilddrüsenerkrankungen und Karies.

MENGE

Ungesalzenes oder zu wenig gesalzenes Brot schmeckt einfach nicht gut! Salz hat jedoch auch backtechnisch erhebliche Vorteile. Je weniger Salz im Rezept verwendet wird, umso schlechter ist das Volumen, der Geschmack, die Gärtoleranz sowie der Ausbund* beim fertigen Gebäck.

Die Salzzugabe bei Brot und Gebäck liegt im Schnitt bei 2 % der Mehlmenge im Rezept. Ich verwende für die meisten meiner Rezepte ein bisschen mehr, weil ich ein natürliches Quellsalz verwende, das viel milder im Geschmack ist als industriell hergestelltes Salz.

Den Salzanteil können Sie natürlich je nach geschmacklichen Vorlieben selbst variieren. Durch die Zugabe von Kräutern und anderen Gewürzen können Sie zusätzlich etwas „Schwung" in den Teig bekommen und sorgen so für Geschmacksüberraschungen.

* Ausbund ist ein Begriff aus der Bäckerfachsprache und wird wie alle anderen Fachausdrücke ab S. 154 beschrieben.

MALZ

Es gibt nichts Besseres, als Brot und Gebäck mit einer möglichst reschen Kruste! Dafür sorgt dem Teig beigefügtes Malz. Gerade in haushaltsüblichen Backöfen ist Gerstenmalz ein toller Unterstützer, wenn es um knuspriges Brot und Gebäck geht. Es gibt Malz in flüssiger oder trockener Form. Ich persönlich bin ein großer Fan von Gerstenmalzmehl. Trotzdem habe ich bei den Rezepten in diesem Buch bewusst auf die Zugabe von Gerstenmalzmehl verzichtet, weil die Rezepte im vorliegenden Roggensauerteigbuch „pur" sein sollten. Außerdem werden meine Brote durch die hohe Anbacktemperatur auf dem Pizzastein auch ohne Malz sehr knusprig. Es spricht aber absolut gar nichts dagegen, wenn Sie Malz verwenden möchten. Wie beim Salz geht man durchschnittlich von 2 % Malz bezogen auf die Mehlmenge aus. Das müssen Sie nicht einmal selber ausrechnen – Sie können einfach dieselbe Menge Gerstenmalz wie Salz verwenden.

KÖRNER, SAATEN UND NÜSSE

Egal ob Sonnenblumen- oder Kürbiskerne, verschiedene Nüsse, Leinsamen, Hanfsamen oder Sesam ... Körner und Saaten verleihen Ihrem Gebäck viel Geschmack und Aroma.

Noch intensiver wird das Aroma, wenn Sie z. B. Sesam, Sonnenblumen- oder Kürbiskerne vor Verwendung ohne Fettzugabe kurz anrösten. Hierfür einfach die gewünschte Menge in einer Pfanne kurz erhitzen, dabei aber stets die Pfanne etwas schwenken oder die Körner bzw. Saaten mit einem Kochlöffel umrühren, damit sie nicht anbrennen.

Vor der Zugabe der gerösteten Körner und Saaten zum Teig achten Sie aber bitte darauf, dass die Körner ausgekühlt sind.

SAATEN QUELLEN LASSEN

Bei Verwendung von verschiedenen Saaten wie z. B. Leinsamen oder Sesam empfiehlt es sich, ein sogenanntes Quellstück zu machen. Das bedeutet, dass man die Saaten vorab in Wasser quellen lassen sollte. Der Vorteil dabei ist, dass die Saaten das Wasser aufsaugen. Dadurch bringt man automatisch mehr Flüssigkeit in den Teig und in weiterer Folge in das gebackene Brot oder Gebäck, und diese zusätzliche Feuchte führt zu einer besseren Frischhaltung.

FETT

Bei den Rezepten wird Ihnen auffallen, dass ich fast überall Schweineschmalz angebe – meine absolute Präferenz. Wer die Möglichkeit hat, gutes Schweineschmalz zu bekommen, sollte dieses auf jeden Fall zum Brotbacken ausprobieren! Wer kein Schweineschmalz verwenden möchte, kann es selbstverständlich durch Speiseöl (Raps- oder Sonnenblumenöl) ersetzen. Normale Haushaltsbutter ist natürlich auch möglich (aber die Butter kommt normalerweise aufs Brot und nicht ins Brot ☺).

Die Zugabe von Fett hat einen guten Grund: Dadurch wird der Teig geschmeidiger, die Krume wird weicher, und das Gebäck bleibt länger frisch. Möchten Sie jedoch bei Ihren Backwerken auf das Fett verzichten, können Sie die angegebene Menge problemlos durch Wasser ersetzen.

BIO ODER REGIONAL?

Diese Entscheidung bleibt natürlich jedem selbst überlassen. Ich persönlich verwende ausschließlich biologische Zutaten mit Herkunftsnachweis, wobei ich natürlich darauf achte, möglichst regional einzukaufen. Mir ist es wichtig, dass beim Anbau von Getreide keine Pestizide eingesetzt werden. Auch möchte ich kein behandeltes Mehl verwenden, das z. B. Ascorbinsäure beinhaltet, nur um die Backeigenschaft besser zu machen. Gerade wenn ich für mich selbst backe, spielt es keine Rolle für mich, wenn mein Brot vielleicht manchmal nicht so gut aufgeht wie sonst. Denn speziell Mehl ist ein Lebensmittel, das sich ständig leicht verändert und vielen Umwelteinflüssen ausgesetzt ist. Deshalb sind auch manchmal die Backergebnisse nicht identisch.

Überlegen Sie sich gut, welche Backzutaten Sie für Ihr Brot verwenden. Sparen Sie nicht bei den verwendeten Zutaten, sondern kaufen Sie ausschließlich hochwertige Rohstoffe – wenn möglich beim Bauern oder Lieferanten ums Eck.

Backutensilien

FÜR DAS BACKEN ZU HAUSE GIBT ES MITTLERWEILE EINE VIELZAHL UNTERSCHIEDLICHER UTENSILIEN, DIE MAN VERWENDEN KANN. HIER MÖCHTE ICH DIE AUS MEINER SICHT WICHTIGSTEN HELFERLEIN KURZ BESCHREIBEN.

Diesen Abschnitt möchte ich vor allem jenen ans Herz legen, die erst mit dem Brotbacken anfangen. Denn einige Backutensilien sind unerlässlich, und es ist ärgerlich, wenn man erst während des Backens merkt, dass etwas fehlt.

HELFERLEIN BEI DER TEIGZUBEREITUNG

MIXER ODER KÜCHENMASCHINE

Da Teige für Brot und Gebäck aus Roggenmehl nicht so lange geknetet werden müssen, kann durchaus auch ein leistungsstarker Mixer zum Kneten verwendet werden. Wenn Sie häufig Brot backen, empfiehlt sich natürlich die Anschaffung einer Küchenmaschine (besonders praktisch ist eine Küchenmaschine mit Induktion, denn damit können Sie Ihre Teige optimal auf 32 °C temperieren).

TEIGTHERMOMETER

Wichtigstes Kriterium zum Backen von qualitativ hochwertigen Backwaren ist eine optimale Teigtemperatur. Diese wird durch die Temperatur des zugegebenen Wassers gesteuert. Ist die Wassertemperatur zu hoch, ist in Folge auch der Teig zu warm, und die Hefe oder der Sauerteig verbraucht bereits am Anfang der Teigentwicklung ihre/seine ganze Kraft. Ist das Wasser zu kalt, hat die Hefe zu wenig Nahrung und keine optimalen Bedingungen, um sich im Teig zu vermehren, was sich ebenfalls negativ auf die Qualität der Backwaren auswirkt. Sie finden bei jedem Rezept die genaue Temperaturangabe für das Wasser. Mit einem Teigthermometer können Sie die Wassertemperatur perfekt kontrollieren, sodass Sie in weiterer Folge ein perfektes Backergebnis erzielen können. Außerdem können Sie mithilfe des Teigthermometers die Temperatur des Teigs sowie die Kerntemperatur von Brot und Gebäck während des Backvorgangs messen (Angaben dazu siehe S. 58–59).

KÜCHENWAAGE

Es ist absolut wichtig, alle Zutaten stets genau einzuwiegen. Nur so werden Sie immer dasselbe Backergebnis erzielen. Bei Kleingebäck sollten auch die Teigstücke genau gewogen werden, denn nur wenn alle gleich schwer sind, ist auch die Backzeit für jedes einzelne Gebäckstück gleich. Deshalb ist eine genaue Küchenwaage ein zwingendes Muss in jeder Backstube! Am besten funktionieren digitale Haushaltswaagen. Achten Sie beim Kauf darauf, dass auch Kleinstmengen (wie z. B. ein Gramm) abgewogen werden können.

MESSBECHER

Das Wasser sollte zwar stets abgewogen werden, aber mit einem Messbecher kann man die Menge zumindest schon mal vorab bemessen. Weiters ist ein Messbecher auch sehr praktisch als Behälter für die Flüssigkeit zum Bestreichen von Kleingebäck oder für das Eingießen des Wassers zum „Schwaden" in das Gefäß im vorgeheizten Backofen (Erklärung siehe S. 59).

HELFERLEIN BEI DER TEIGAUFARBEITUNG

MEHLSIEB

Mein Mehlsieb ist ein feinmaschiges Edelstahlsieb mit 16,5 cm Durchmesser. Es ist klein, handlich und passt in jede Schublade. Dieses Sieb ist perfekt zum Stauben von Gärkörben oder zum Bemehlen der Arbeitsfläche. Außerdem kann man damit die Brote wunderbar bestauben.

BACKUTENSILIEN AUS DEM SORTIMENT DES BACKPROFIS

TEIGKARTE/TEIGSPACHTEL

Zum Abstechen von Teigstücken ist eine Teigkarte ein sehr nützlicher Helfer in der Küche. Aber auch zum Formen von eckigen Kleingebäcken oder beim Herausnehmen des Teigs aus der Rührschüssel ist eine Teigkarte oder -spachtel ein unverzichtbares Utensil.

GÄRKÖRBE RUND UND OVAL FÜR VERSCHIEDEN GROSSE BROTE (½, 1 ODER 2 KG)

Zum Gehenlassen von Brotteig braucht man einen Gärkorb, damit der Teig während der Gehzeit stabil bleibt und auch atmen kann. Diese Körbe sind rund (für Laibe) oder oval (für Wecken) und werden in Österreich umgangssprachlich als „Simperl" bezeichnet. Gärkörbe sind in verschiedenen Materialien und Größen erhältlich. In diesem Buch gibt es Rezepte sowohl für kleine Brote mit 500 g als auch für große Brote mit über 2 kg, deshalb brauchen Sie Körbe in verschiedenen Größen.

Ich bevorzuge zum Gehenlassen des Teigs Gärkörbe aus Peddigrohr. Bevor der geformte Brotteig in den Gärkorb gelegt wird, muss dieser unbedingt mit Mehl bestaubt werden, idealerweise mit einem feinen Mehlsieb. Zum Stauben verwende ich am liebsten Roggenmehl, da dieses am besten haften bleibt.

Ob Teigthermometer, Sprühflasche, Gärkorb oder Pizzastein: Das richtige „Werkzeug" erleichtert das Backen ungemein!

KASTENFORMEN/BACKKASTEN FÜR VERSCHIEDEN GROSSE BROTE (½ ODER 1 KG)

Geeignete Kastenformen für Hobbybäcker gibt es mittlerweile in vielen verschiedenen Ausführungen. Die Backformen, die ich in Verwendung habe, werden auch in Bäckereien benutzt und zeichnen sich durch ihre perfekte Wärmeleitung aus. Das Material aus Aluminium leitet die Hitze des Back-

BIO

ofens sofort weiter, und man erzielt ein perfektes Ergebnis. Die Kastenformen müssen aber unbedingt vor jeder Verwendung mit einem Backtrennspray oder mit Speiseöl gut befettet werden.

Sofern Sie einen Pizzastein zur Verfügung haben, sollten Sie diesen im Backofen auf dem Küchenrost (am besten auf mittlerer Schiene) vorheizen und die Kastenform mit dem Brotteig zum Backen auf den vorgeheizten Pizzastein stellen.

BÄCKERLEINEN

Als Bäckerleinen werden in der Fachsprache Tücher aus naturbelassenem Leinen bezeichnet, diese sind so wie Geschirrtücher im Haushaltsfachwarenhandel erhältlich. Diese Tücher eignen sich dank ihrer Größe von etwa 50 x 80 cm ideal zum Abdecken von weicheren Teiglingen (z. B. für Kleingebäck, Baguettes oder Brote) während der Stückgare (Erklärung siehe S. 53). Die Teiglinge werden auf einer Hälfte des Tuchs abgelegt und mit der anderen Tuchhälfte bedeckt, um eine zu starke Hautbildung zu vermeiden und die Temperatur stabil zu halten. Zwischen den Teiglingen wird eine Tuchfalte gezogen, damit sie sich gegenseitig stützen können (siehe Abbildung rechts unten). Die Teiglinge bilden unter dem Tuch nur eine feine Haut und lösen sich gut vom dünnen und locker gewebten Stoff, auch wenn das Bäckerleinen nur mit wenig Mehl bestaubt ist. Insbesondere bei sehr langen Ruhezeiten, bei sehr weichen Teiglingen oder bei Restfeuchte im Tuch kann es dennoch passieren, dass der Stoff leicht am Teig haftet, wenn er nicht ausreichend bemehlt wurde. Mit einem Trick kann man dem abhelfen: Wenn das Tuch schräg angehoben wird, löst sich der Teigling langsam durch sein Eigengewicht vom Leinen. In hartnäckigen Fällen kann mit der Teigkarte nachgeholfen werden. Auf keinen Fall sollte das Tuch schnell vom Teigling gelöst werden, da sonst die Teighaut einreißt.

SPRÜHFLASCHE

Ein sehr wichtiges Utensil ist eine gut funktionierende Sprühflasche. Damit der Teig nicht austrocknet, werden vor allem Teiglinge für kleine Gebäckstücke mit Wasser besprüht. Vor dem Backen müssen die Teiglinge auch großteils angesprüht werden. Auch für das Abglänzen der Kruste nach dem Backen ist eine Sprühflasche sehr praktisch.

TEIGMESSER

Ein scharfes Teigmesser wird beim Backen recht häufig benötigt, z. B. zum Einschneiden von Brot und Gebäck vor dem Backen. Teigmesser sollten immer eine gezahnte Klinge mit ca. 7 cm Länge haben. Durch die scharfen Zacken kann man problemlos verschiedene Muster ins Brot einschneiden.

HELFERLEIN BEIM BACKEN

PIZZASTEIN

Ich verwende beim Backen von Sauerteigbroten am liebsten einen Pizzastein (Schamottstein). Dieser sollte je nach Herstellerangabe ausreichend vorgeheizt werden, die meisten Steine benötigen mindestens 45 Minuten. Der Vorteil eines Pizzasteins liegt darin, dass er die Hitze perfekt speichert und gleichmäßig wieder abgibt. Wenn man also das Brot direkt auf einem Pizzastein bäckt, bekommt es eine stärkere Kruste, was sich wiederum positiv auf den Geschmack auswirkt.

Der Nachteil ist, dass der Stein recht schwer und meist auch etwas unhandlich ist und auch Platz zum Verstauen benötigt. Es gibt im Handel sehr viele unterschiedliche Modelle. Manche sind glasiert, manche nicht. Die glasierten Pizzasteine sind um einiges teurer, dafür auch leichter zu pflegen. Ich kehre meinen glasierten Pizzastein nach dem Backen nur leicht mit einem Kehrbesen ab. Verbrennungsspuren auf dem Stein sind nichts Negatives, sie sind nur ein Zeichnen dafür, dass er oft benutzt wird.

Wenn Sie knuspriges Brot mit einer reschen Kruste mögen, sollten Sie sich einen Pizzastein zulegen. Für manche Rezepte sind Lochbleche empfehlenswert.

LOCHBLECH

In Bäckereien sind Lochbleche zum Brotbacken seit jeher Usus. Seit geraumer Zeit sind diese Bleche auch für Haushaltsbacköfen erhältlich. Die vielen kleinen Löcher in den Blechen machen es möglich, dass Brote und kleine Gebäckstücke noch besser durchgebacken werden. Aber auch wenn z. B. zwei Bleche auf einmal im Backofen verwendet werden, kann die Wärmeverteilung viel besser erfolgen, das Brot und Gebäck wird auf diese Weise knuspriger.

DER Natursauerteig

NATURSAUERTEIG BESTEHT LEDIGLICH AUS MEHL UND WASSER. IM GRUNDE IST ES GANZ EINFACH: SAUERTEIG IST EIN TEIG, DER SICH IN GÄRUNG BEFINDET. WIRD DEM TEIG FÜR BROT ODER GEBÄCK SAUERTEIG BEIGEFÜGT, GEHT ES GUT AUF, ES WIRD LOCKER UND IST LEICHTER VERDAULICH. AUSSERDEM VERBESSERT DER SAUERTEIG DAS AROMA UND BROT UND GEBÄCK BLEIBEN LÄNGER FRISCH.

Sauerteig selbst zu züchten ist ganz einfach, Sie benötigen dafür lediglich eine Starterkultur (in Fachkreisen „Anstellgut" genannt). Wenn Sie zum ersten Mal Sauerteig selber machen wollen, können Sie z. B. bei einem Bäcker reifen Sauerteig kaufen und diesen als Anstellgut für Ihren Sauerteig verwenden. Oder Sie können Ihr Anstellgut durch eine Spontangärung auch selbst züchten. Wie das genau geht, erkläre ich auf den Seiten 33–36.

Das Anstellgut wird dann mit Wasser und Mehl „angefrischt", und so wird daraus der Sauerteig für Ihr Brot.

Für das nächste Mal Brotbacken können Sie entweder (so wie ich das mache) einen Teil des Sauerteigs in einem Schraubverschlussglas im Kühlschrank lagern (1–2 Wochen) oder ihn einfrieren (mehrere Monate).

Man kann Sauerteig auch trocknen. All diese hier kurz beschriebenen Schritte vom Anfrischen, Weiterzüchten und Lagern von Sauerteig erkläre ich auf den Seiten 43–44 ausführlich.

SAUERTEIGARTEN

Grundsätzlich können Sie jedes Brot und Gebäck anstatt mit Hefe auch mit Sauerteig zubereiten. Je nach verwendeter Mehlsorte wird man auch das Anstellgut bzw. den Sauerteig mit der betreffenden Mehlsorte herstellen.

Auch wenn die Herstellung von Brot und Gebäck mit Natursauerteig etwas länger dauert, so lohnt sich dieser Zeitaufwand auf jeden Fall. Denn die vielen Vorzüge von Sauerteiggebäck sprechen für sich: besserer Geschmack, bessere Backfähigkeit und bessere Haltbarkeit. Aber am wichtigsten ist wohl die bessere Verträglichkeit!

WEIZENSAUERTEIG

Er wird aus Weizenmehl und Wasser hergestellt und findet seinen Einsatz vor allem bei Weißbrotsorten. Man kann ihn auf verschiedene Art und Weise herstellen, was für dieses Buch aber nicht relevant ist, weil es hier um Roggensauerteig geht.

DINKELSAUERTEIG

Wie der Name schon verrät, wird dieser aus Dinkelmehl und Wasser hergestellt und gibt speziell Dinkelbackwaren einen sehr aromatischen Geschmack.

ROGGENSAUERTEIG

Das Gemisch aus Wasser und Roggenmehl wird speziell bei roggenmehlhaltigen Backwaren eingesetzt.

WEITERE SAUERTEIGARTEN

Ein sehr fest geführter Sauerteig, der seinen Ursprung in Italien hat, ist z. B. der Lievito Madre. Aber auch Sauerteige aus Einkorn, Emmer, Kamut oder Buchweizengetreide sind weit verbreitet und finden sowohl bei Profis als auch bei Hobbybäckern großen Anklang.

ALLGEMEINES ZUM BACKEN MIT SAUERTEIG

Der Gärprozess im Sauerteig sorgt für die Lockerung und Säuerung von Brot- und Gebäckteigen sowie für eine Verbesserung der Backfähigkeit und des Geschmacks. Damit der Sauerteig auch wirklich gärt und sauer wird, müssen sich im Teig die richtigen Bakterien entwickeln. Dafür wird am Vortag ein Teil des alten Sauerteigs („Anstellgut" genannt) mit Roggenmehl und Wasser angesetzt („angefrischt"). Nun kann die notwendige Gärung erfolgen, was in der Regel meist 16–18 Stunden dauert. Während der langen Reifezeit des Sauerteigs bilden sich also unterschiedliche Milchsäurebakterien und Essigsäuren, Hefen, Alkohol und CO_2, abhängig davon, ob der Sauerteig bei wärmerer oder kälterer Temperatur reift oder ob er in 1-, 2- oder 3-Stufen-Führung hergestellt wird. Das Verhältnis von Milchsäure zu Essigsäure bestimmt dabei maßgeblich und auf ganz natürliche Weise den Geschmack des Brotes. Es sind in Summe über 300 Aromastoffe bekannt, die durch die unterschiedliche Sauerteigführung gebildet werden.

GUTE GRÜNDE FÜR DAS BACKEN MIT SAUERTEIG

Für Brot und Gebäck mit einem hohen Roggenanteil (mind. 60 % der Gesamtmehlmenge) ist Sauerteig unverzichtbar, weil Sauerteig verhindert, dass die mehleigenen Enzyme im Roggen die Stärke abbauen, bevor diese im Backofen verquellen und sich die Krume bilden kann. Durch die Versäuerung wird Roggenmehl also erst backfähig.

Ein weiterer wichtiger Grund für den Einsatz von Sauerteig ist auch die im Getreidekorn enthaltene Phytinsäure. Diese ist unbekömmlich und bindet wertvolle Mineralstoffe, die so vom menschlichen Körper nicht aufgenommen werden können. Durch die lange Teigreifezeit wird jedoch die Phytinsäure auf natürliche Weise abgebaut. Aus diesem Grund sind Sauerteigbrote bekömmlicher und leichter verdaulich. Und außerdem schmeckt Brot und Gebäck, das mit Sauerteig zubereitet wurde, intensiver und hat eine bessere Frischhaltung.

ERSTMALIGE HERSTELLUNG VON *Natursauerteig*

SCHRITT FÜR SCHRITT ZUM ANSTELLGUT (SAUERTEIGANSATZ)

Bei den Rezepten werden Sie sehen, dass Sie als erste Zutat „Anstellgut aus dem Kühlschrank (alter Sauerteig)" brauchen. Wenn Sie zum ersten Mal mit Natursauerteig backen wollen, haben Sie jedoch kein gelagertes Anstellgut vom letzten Mal Backen.

Sie können, wie schon erwähnt, fertigen Natursauerteig vom Bäcker holen oder selber einen Natursauerteig machen. Das ist gar kein so großer Aufwand. Zu Beginn dauert es insgesamt 5 Tage, bis Ihr erster selbst gemachter Natursauerteig fertig gereift ist.

Haben Sie auf diese Weise Ihren ersten Sauerteig hergestellt, nehmen Sie einen Teil davon und lagern ihn (als Anstellgut) für das nächste Mal Brotbacken. So brauchen Sie in Zukunft nur mehr das Anstellgut anzufrischen, dann dauert die Reifezeit für den neuen Sauerteig etwa 16–18 Stunden, bis Sie mit dem Brotbacken beginnen können.

Achten Sie bei der Herstellung von Anstellgut bzw. Sauerteigansatz darauf, dass die Behälter, in denen Sie den Sauerteig reifen lassen, penibel sauber (eventuell sterilisiert) sind. Perfekt geeignet sind u. a. Rex- oder Weckgläser mit einem Glasdeckel oder Schraubverschlussgläser. Verwenden Sie auf jeden Fall etwas größere Gläser mit einem Fassungsvermögen von etwa 800 ml.

Zur Herstellung für Ihren ersten Roggensauerteigansatz benötigen Sie in Summe:
200 g Roggenmehl Type 960
oder Roggenvollkornmehl
200 g Wasser
2 dünne Zwiebelscheiben
2 große Rexgläser (Weckgläser) mit Deckel
1 Esslöffel und 1 Tafelmesser

tag 1

50 g Wasser (36–40 °C) und 50 g Roggenmehl Type 960 (oder Roggenvollkornmehl) in ein sauberes Rex- oder Weckglas geben. Mit einem Tafelmesser zu einem Brei verrühren. Anschließend zwei frische Zwiebelscheiben auf den Brei legen (die Zwiebelscheiben sorgen dafür, dass sich zu Beginn der Sauerteigbereitung keine unerwünschten Bakterien im Sauerteigansatz bilden; sie „erschrecken" sozusagen die Bakterien, die nichts im Sauerteig zu suchen haben).

Mit einem passenden Glasdeckel (bzw. mit einer Frischhaltefolie oder einem Geschirrtuch) zudecken und 24 Stunden bei Raumtemperatur bzw. an einem warmen Ort gehen lassen.

tag 2

Die Zwiebelscheiben entfernen und entsorgen. Dann wieder 50 g Wasser (36–40 °C) und 50 g Roggenmehl Type 960 (oder Roggenvollkornmehl) zum Ansatz geben. Mit einem Tafelmesser zu einem Brei verrühren und weitere 24 Stunden zugedeckt bei Raumtemperatur reifen lassen (nach ca. 12 Stunden kann man den Sauerteigansatz kurz umrühren, damit zusätzlich Luft eingeschlagen wird).

Ich finde es total spannend, dem Sauerteig bei seiner Entwicklung zuzusehen. Ich erkenne allein am Aussehen (Bläschenbildung) und Geruch, ob er optimal gereift ist.

Tag 3

Am dritten Tag sollte der Sauerteigansatz bereits schön gereift sein: Kleine Gärbläschen sollten an der Oberfläche zu sehen sein.

Auch am dritten Tag wieder 50 g Wasser (36–40 °C) und 50 g Roggenmehl Type 960 (oder Roggenvollkornmehl) zum Ansatz geben. Mit einem Tafelmesser zu einem Brei verrühren und weitere 24 Stunden zugedeckt bei Raumtemperatur reifen lassen (nach ca. 12 Stunden kann man mit dem Tafelmesser den Sauerteigansatz kurz umrühren, damit zusätzlich Luft eingeschlagen wird).

Tag 4 Der Sauerteigansatz sollte nun bereits schöne Blasen werfen und etwas blubbern, er sollte auch schon leicht säuerlich riechen. Einmal braucht dieser Ansatz noch etwas Zeit und Nahrung, damit er zum fertigen Sauerteig reifen kann.

In das zweite saubere Rex- oder Weckglas 50 g Wasser (36–40 °C) geben. 50 g vom bestehenden Sauerteigansatz mit einem Kochlöffel entnehmen (der Rest vom Sauerteigansatz kann entsorgt werden) und dem Wasser beimengen.

Anschließend noch 50 g Roggenmehl Type 960 (oder Roggenvollkornmehl) beimengen, mit dem Tafelmesser verrühren und noch einmal 12–24 Stunden bei Raumtemperatur reifen lassen, bis der Sauerteig letztendlich fertig ist.

Tag 5 Der Roggensauerteig ist nun fertig gereift und kann zum Backen verwendet werden. In Summe ergibt das 150 g reifen Sauerteig, der entweder gleich zu Brot verarbeitet oder als Anstellgut im Kühlschrank gelagert werden kann. Nun die Sauerteigmenge abwiegen, die im jeweiligen Rezept angegeben ist. Den Rest des Sauerteigs „füttern" und für das nächste Mal Brotbacken lagern (wird auf S. 43–45 genau beschrieben).

VOM ANSTELLGUT ZUM FERTIG GEREIFTEN SAUERTEIG (ANFRISCHEN)

In den Rezepten im Buch gehe ich immer davon aus, dass bereits Anstellgut, also Sauerteig vom letzten Mal Brotbacken vorhanden ist. Durch das „Anfrischen" entsteht daraus neuer Sauerteig zum Brotbacken. Wie Sie dieses im Kühlschrank gelagerte Anstellgut anfrischen, möchte ich hier detailliert erklären, denn es gilt für alle Rezepte.

Wiegen Sie zunächst die im Rezept unter „Anfrischen" angegebenen Mengen Anstellgut, Wasser und Mehl ab und gehen folgendermaßen vor:

1 Das temperierte Wasser in ein großes Glas (ca. 800 ml Fassungsvermögen) geben.

2 Mit einem Löffel das im Kühlschrank gelagerte Anstellgut dem Wasser beimengen.

3 Mit einem Tafelmesser das Anstellgut und das temperierte Wasser vermischen, bis sich das Anstellgut aufgelöst hat.

4 Mit einem Löffel das Roggenmehl beimengen.

5 Mit einem Tafelmesser alles gut vermischen (der Sauerteigansatz soll eine Konsistenz wie ein dicker Brei haben).

6 Einen Deckel auf das Glas geben und den Sauerteigansatz an einem warmen Ort (Temperatur zwischen 25 und 30 °C) gehen lassen. Je nach Temperatur wird es etwa 16–18 Stunden dauern, bis der Sauerteig fertig gereift ist.

SAUERTEIG LAGERN

Nun haben Sie fertig gereiften Sauerteig. Falls Sie gleich mehr Sauerteig hergestellt haben, können Sie die überschüssige, nicht für den Teig benötigte Menge im Kühlschrank aufbewahren, damit Sie für das nächste Mal Brotbacken bereits fertiges Anstellgut haben. Detailliert beschrieben werden die Pflege und das Weiterzüchten von Sauerteig auf den Seiten 43–45.

Das klingt vielleicht etwas kompliziert, ist es aber nicht! Der Vorgang des Anfrischens von Anstellgut, also von gelagertem Sauerteig, gilt für alle Rezepte in diesem Buch und wird Ihnen schnell geläufig sein!

SO GELINGT IHR *Natursauerteig*

OPTIMALE BEDINGUNGEN FÜR DIE SAUERTEIGREIFUNG

Damit Ihr Sauerteig auch garantiert gelingt, sind drei Faktoren besonders wichtig, nämlich die Temperatur im Raum, in dem der Sauerteigansatz reifen soll, die Temperatur der Zutaten sowie natürlich die Einberechnung der Zeit, die der Sauerteig zum Reifen braucht, bevor mit dem Backen begonnen werden kann.

DAS RAUMKLIMA

In den Bäckereien herrscht meistens eine sehr angenehme, warme und konstante Raumtemperatur, welche für die Zubereitung von Brot und Gebäck eine wesentliche Rolle spielt. Zu Hause in der eigenen Küche gibt es jahreszeitliche Schwankungen. Wenn z. B. im Sommer die Raumtemperatur über 30 °C beträgt, werden sich logischerweise die Teige (egal ob Anstellgut, Sauerteigansatz oder Brotteig) anders verhalten als z. B. im Winter, wenn zwar die Heizung eingeschaltet ist, es jedoch bei Weitem nicht so warm ist.

Suchen Sie sich vor allem zu Beginn der Reifezeit den wärmsten Ort in Ihrer Küche. In der kälteren Jahreszeit eignet sich auch ein Platz in der Nähe eines Heizkörpers. Zu warm sollte es jedoch auch nicht sein (nicht über 35 °C!). Optional können Sie zu Beginn des Reifeprozesses den Sauerteig in den Backofen stellen und das Licht aufdrehen, so erreichen Sie eine gute Durchschnittstemperatur um die 30 °C. Nach ca. 2 Stunden lassen Sie den Sauerteigansatz dann bei Raumtemperatur weiterreifen.

Für das Reifen des Anstellguts zum fertigen Sauerteig sollte man die Temperatur der Zutaten daher immer ein wenig den äußerlichen Gegebenheiten anpassen.

WICHTIGE FAKTOREN SIND

- die Temperatur des Anstellguts (aus dem Kühlschrank ca. 8 °C)
- die Mehltemperatur (idealerweise etwa 22 °C, also Zimmertemperatur)
- die Raumtemperatur (idealerweise zwischen 22 und 25 °C)
- die Wassertemperatur (abhängig von der Temperatur der übrigen Zutaten)

Damit Ihr kleines Stück Anstellgut aus dem Kühlschrank nun zum großen Sauerteig reifen kann, benötigt es genügend Anfangstemperatur. Diese können Sie mit der Temperatur des Wassers recht

MEHR ANSTELLGUT – SCHNELLER ZUM REIFEN SAUERTEIG

Es hängt von zwei Faktoren ab, wie viel Anstellgut man zum Ansetzen von Sauerteig braucht.

So ist einerseits die Art der Sauerteigführung dafür maßgebend. Da aus meiner Sicht wie oben erwähnt die einfache einstufige Führung von Sauerteig sich am besten für den Hausgebrauch eignet, sind die untenstehenden Tabellen und Berechnungen auf die 1-Stufen-Führung ausgelegt. Dabei mischen Sie zum Anfrischen das Anstellgut mit Wasser und Mehl, lassen es reifen, und nach dieser einen Stufe ist der Sauerteig fertig. Andererseits ist beim Ansetzen des Sauerteigs (Anfrischen) die Menge des Anstellguts im Verhältnis zur Mehlmenge, die bei den Zutaten unter dem Punkt „Anfrischen" angegeben ist, dafür ausschlaggebend, wie lange der Sauerteig zum Reifen braucht.

Oder anders gesagt: Sie gehen von der Zeit aus, die Sie zum Reifen des Sauerteigs investieren wollen. Nach zahlreichen Backversuchen kam ich zu folgendem Ergebnis: Je schneller es gehen soll, umso mehr Anstellgut im Verhältnis zur Mehlmenge brauchen Sie.

ANSTELLGUTMENGE CA. 10 % DER MEHLMENGE	Reifezeit bei 30 °C fallend auf 22 °C → 16–18 h
ANSTELLGUTMENGE CA. 30 % DER MEHLMENGE	Reifezeit bei 30 °C fallend auf 22 °C → 12–14 h
ANSTELLGUTMENGE CA. 50 % DER MEHLMENGE	Reifezeit bei 30 °C fallend auf 22 °C → 6–8 h

Diese Angaben sind Richtwerte und können natürlich aufgrund von Raum- und Zutatentemperaturen etwas schwanken.

Es bleibt also Ihnen überlassen, wie viel Anstellgut sie verwenden möchten, es ändert sich lediglich die Reifezeit. Bei meinen Rezepten in diesem Buch bin ich von einer Reifezeit von 16–18 Stunden ausgegangen, habe also zum Anfrischen im Schnitt 10 % Anstellgut im Verhältnis zur Mehlmenge verwendet.

Wenn Sie im Verhältnis zur Mehlmenge die bei den Rezepten angegebene Menge an Anstellgut erhöhen, wird der Sauerteig schneller reifen.

Steht der Sauerteig etwas länger, ist das bei der 1-Stufen-Führung nicht so tragisch, weil der Sauerteig durchaus bis zu 6 Stunden länger reifen kann.

BERECHNUNG, UM AUF EINE BESTIMMTE MENGE SAUERTEIG ZU KOMMEN

Wenn Sie z. B. für ein anderes Rezept selber Natursauerteig ansetzen wollen und als Richtwert nur die Angabe haben, wie viel Sauerteig Sie brauchen, können Sie nach folgender Berechnung vorgehen:

FÜR ETWA 200 G REIFEN SAUERTEIG

ANSTELLGUT-MENGE	WASSER (36–40 °C)	ROGGENMEHL R960	GESAMTMENGE SAUERTEIG	REIFEZEIT BEI 30 °C FALLEND AUF 22 °C
10 g	100 g	100 g	210 g Sauerteig	16–18 h
30 g	100 g	100 g	230 g Sauerteig	12–14 h
50 g	100 g	100 g	250 g Sauerteig	6–8 h

Sie können auch gleich eine größere Menge Sauerteig als benötigt herstellen und diesen wie auf S. 43 beschrieben als künftiges Anstellgut in ein Schraubverschlussglas geben und im Kühlschrank lagern.

LAGERN, PFLEGEN, FÜTTERN UND WEITERZÜCHTEN VON NATURSAUERTEIG

Auf den Seiten 33–36 ist ausführlich beschrieben, wie Sie zum ersten Mal Anstellgut herstellen und wie Sie vom Anstellgut zum reifen Sauerteig kommen; das dauert fünf Tage. Damit Sie künftig immer Anstellgut für das Ansetzen von Sauerteig zur Verfügung haben (das dauert nur 16–18 Stunden), können Sie sowohl überschüssiges Anstellgut als auch überschüssigen Sauerteig weiterzüchten.

VARIANTE 1: ANSTELLGUT FÜTTERN

Bei jedem Mal Brotbacken entnehmen Sie jeweils die im Rezept angegebene Menge Anstellgut zum Anfrischen des Sauerteigs aus dem Kühlschrank und füttern das verbleibende Anstellgut für das nächste Mal.

BEISPIEL

In Ihrem Glas im Kühlschrank befindet sich eine Gesamtmenge von 150 g Anstellgut. Sie benötigen für ein Rezept 40 g Anstellgut, das Sie entnehmen. Diese 40 g müssen Sie wieder „nachfüttern". Geben Sie also nach der Entnahme 20 g Wasser (36 °C) und 20 g Roggenmehl Type 960 zum übriggebliebenen Anstellgut im Glas, verrühren dieses mit einem Tafelmesser und lassen es bei Raumtemperatur ca. 6–12 Stunden zugedeckt stehen. Dann kommt das gesamte Anstellgut wieder in den Kühlschrank zur Aufbewahrung.

VARIANTE 2: SAUERTEIG LAGERN

Sie machen mehr Sauerteig, als für das Rezept benötigt, und nehmen von Ihrem fertig gereiften Sauerteig ein Stück ab, geben es in ein Schraubverschlussglas (den Deckel nur locker zuschrauben) und stellen es (für maximal eine Woche) in den Kühlschrank.

Beim nächsten Mal Brotbacken nehmen Sie diesen „alten" Sauerteig aus dem Kühlschrank, das ist dann Ihr Anstellgut, mit dem Sie den neuen Sauerteig anfrischen. In Zukunft können Sie dann immer vom frisch gereiften Sauerteig den nicht benötigten Teil im Kühlschrank lagern. Wenn Sie aber nicht mindestens innerhalb von 7–10 Tagen zum Backen kommen, müssen Sie dieses zukünftige Anstellgut füttern.

HAUT- UND FUSELBILDUNG

Wenn das Anstellgut zu lang gelagert wird, kann es vorkommen, dass sich eine dicke Haut an der Oberfläche des Anstellguts bildet. Diese können Sie ganz einfach untermischen. Auch eine sogenannte Fuselbildung kann manchmal vorkommen. In diesem Fall setzt sich eine dünnflüssige, gräuliche Flüssigkeit an der Oberfläche des Anstellguts ab. Dabei handelt es sich um Alkohol, der während der Gärung entstanden ist. Den Fusel können Sie ohne Weiteres durch Umrühren wieder untermischen.

Gleichzeitig ist es oft aber auch ein Zeichen dafür, dass Ihr Anstellgut dringend Nahrung benötigt. In diesem Fall mischen Sie wie auf S. 43 beschrieben Wasser und Roggenmehl im selben Verhältnis unter.

FÜR BEIDE VARIANTEN (FÜTTERN UND LAGERN) GILT:

Wenn Sie nicht mindestens alle 1–2 Wochen zum Backen kommen, braucht Ihr Anstellgut im Kühlschrank Nahrung, das bedeutet: **Mindestens alle 7–10 Tage müssen Sie das Anstellgut füttern!**

Denn sonst bekommen die zahlreichen Mikroorganismen im Anstellgut keine „Nahrung". Geben Sie also zum Anstellgut 30 g Wasser (36 °C) und 30 g Roggenmehl Type 960, verrühren alles und lassen das gefütterte Anstellgut bei Raumtemperatur ca. 6–12 Stunden reifen (oder zumindest, bis sich das Volumen verdoppelt hat). Dann kommt das gesamte Anstellgut wieder zurück in den Kühlschrank.

PFLEGE DES ANSTELLGUTS BEI LÄNGERER LAGERUNG

Damit Ihr Anstellgut auch während längerer Abwesenheit (z. B. während des Urlaubs) gut über die Runden kommt, sollten Sie es zuvor „gut füttern".

Geben Sie hierfür 25 g Wasser (36 °C) und 50 g Roggenmehl Type 960 zu Ihrem Anstellgut aus dem Kühlschrank hinzu, verrühren es mit einem Tafelmesser und geben es anschließend sofort wieder in den Kühlschrank zurück. Mit dieser Methode können Sie einen Zeitraum von ca. 3 Wochen überbrücken. Nach spätestens 3 Wochen sollten Sie Ihrem Anstellgut wieder Nahrung zukommen lassen, und zwar 75 g Wasser (36 °C) und 50 g Roggenmehl Type 960 beimengen, umrühren und bei Raumtemperatur 6–12 Stunden reifen lassen. Anschließend ist Ihr Anstellgut wieder aktiv, kann verwendet werden oder geht wieder retour in den Kühlschrank.

SALZ ZUM KONSERVIEREN

Haben Sie keine Zeit, den fertig gereiften Sauerteig sofort zu verwenden, kann dieser zusätzlich auch noch mit Salz konserviert werden. Geben Sie hierfür eine Prise Salz dazu, wenn Sie es ganz genau nehmen möchten, nehmen Sie 2 % Salz von der gesamten Mehlmenge. Heben Sie das Salz einfach unter den Sauerteig und verrühren es etwas. Dann stellen Sie den Sauerteig in einem großen Glas zugedeckt (Deckel leicht zugeschraubt) in den Kühlschrank. Gesalzener Sauerteig ist ca. 14–21 Tage lang haltbar. Aber spätestens dann wäre es wieder an der Zeit, Ihr Anstellgut zu füttern bzw. zum Brotbacken zu verwenden.

KONSERVIEREN UND REAKTIVIEREN VON NATURSAUERTEIG

Ihr Sauerteig wird im Laufe der Zeit immer aromatischer und vor allem auch triebstärker. Doch es kann leider ab und zu vorkommen, dass sich schädliche Bakterien im Sauerteig ausbreiten oder der Sauerteig (das Anstellgut) trotz Lagerung im Kühlschrank von Schimmel befallen wird. Oder Sie verarbeiten versehentlich das ganze Anstellgut, ohne sich einen Rest aufzubehalten.

Daher empfehle ich Ihnen, eine „Sicherung" zu machen, indem Sie einen Teil des reifen Sauerteigs (ca. 20–50 g) einfrieren oder trocknen. So müssen Sie nicht wieder Sauerteig ganz neu an-

Kümmern Sie sich um Ihren Sauerteig, er braucht „Hege & Pflege". Ihr Lohn sind perfekte Backergebnisse und schmackhaftes Brot und Gebäck!

setzen (siehe S. 33–36), was 5 Tage dauern würde, sondern Sie können das konservierte Anstellgut in einer weit kürzeren Zeitspanne von etwa 24–48 Stunden aktivieren.

EINFRIEREN (HALTBARKEIT MIND. 6 MONATE)

Sie können Sauerteig perfekt einfrieren. Geben Sie hierfür eine kleine Menge (ca. 20–50 g) in ein Glas. Zum Wiederbeleben stellen Sie den tiefgekühlten Sauerteig in den Kühlschrank und lassen ihn langsam auftauen. Ist dieses Anstellgut aufgetaut, geben Sie 50 g Wasser (36 °C) und 50 g Roggenmehl Type 960 hinzu. Anschließend vermischen Sie wieder alles mit dem Tafelmesser und lassen es bei Raumtemperatur zugedeckt (nicht luftdicht!) mindestens 12 Stunden stehen. Danach geben Sie nochmals 50 g Wasser (36 °C) und 50 g Roggenmehl Type 960 hinzu, vermengen wieder alles und lassen das Anstellgut nochmals zugedeckt 12 Stunden reifen. Sollten sich nach dieser Zeit noch immer keine Bläschen gebildet haben, wiederholen Sie diesen Schritt im Abstand von 12 Stunden, bis der Sauerteig wieder schön gereift ist.

Nach dieser Anreicherung mit Mehl und Wasser ist Ihr Anstellgut wieder aktiv und kann als fertig gereifter Sauerteig zur Teigbereitung verwendet werden oder er kann im Kühlschrank bis zum nächsten Gebrauch gelagert werden.

TROCKNEN (HALTBARKEIT BIS ZU 1 JAHR)

Zum Trocknen Ihres Sauerteigs (wenn Sie eine größere Menge fertig gereiften Sauerteig haben, der nicht benötigt wird) streichen Sie diesen mithilfe einer Teigkarte hauchdünn auf ein mit Backpapier ausgelegtes Backblech. Anschließend lassen Sie den Sauerteig entweder 2–3 Tage bei Raumtemperatur oder im ausgeschalteten Backofen komplett trocknen. Dauert Ihnen dieser Vorgang zu lange, können Sie den Backofen auf 60 °C aufheizen und so den Sauerteig schneller trocknen (das dauert dann etwa 6–8 Stunden – achten Sie darauf, dass der Sauerteig wirklich ganz hart geworden ist).

Ist der Sauerteig vollständig getrocknet, können Sie ihn in Stücke brechen, diese in ein Schraubverschlussglas geben und im Kühlschrank bis zu einem Jahr aufbewahren.

Zur Aktivierung entnehmen Sie ein paar Stück (ca. 50 g) getrockneten Sauerteig und geben 50 g Wasser (ca. 36 °C) hinzu. Sobald sich der Sauerteig aufgelöst hat, mengen Sie noch 50 g Roggenmehl Type 960 hinzu und verrühren alles mit einem Tafelmesser. Im Abstand von ca. 6–12 Stunden können Sie den Vorgang wiederholen (auch mehrmals), bis Ihr Sauerteig das Volumen verdoppelt hat bzw. bis wieder genügend Bläschen sichtbar sind. Anschließend stellen Sie diesen Sauerteig wieder als Anstellgut in den Kühlschrank und können ihn je nach Bedarf füttern und weiterzüchten bzw. aktivieren.

ZERKRÜMELN (HALTBARKEIT MIND. 4-8 WOCHEN)

Wiegen Sie Ihr Anstellgut ab und geben die vierfache Menge an Roggenmehl hinzu. Wichtig ist dabei, dass Sie die genaue Menge protokollieren. Wenn Sie also 50 g Anstellgut haben, fügen Sie 200 g Roggenmehl hinzu, vermischen beide Zutaten gründlich und zerkrümeln die Masse anschließend mit den Händen, bis die Stückchen so klein sind, als wären sie fein gerieben (in Österreich nennt man solche Krümel auch „Gerstl"). Hierfür kann man auch eine feine Reibe verwenden. Wenn die Stücke zu groß sind, kann es passieren, dass Ihr Gerstl zu schimmeln beginnt und in weiterer Folge verdirbt. Geben Sie das fertige Gerstl in ein Schraubverschlussglas und bewahren es im Kühlschrank auf.

Wenn Sie Ihr Gerstl wieder aktivieren wollen, gehen Sie folgendermaßen vor: Geben Sie 100 g Wasser (ca. 36 °C) in eine Rührschüssel. Nehmen Sie 100 g von Ihrem Gerstl aus dem Kühlschrank. Verrühren Sie beide Zutaten gut, bis sich eine homogene Masse gebildet hat. Lassen Sie die Masse bei Raumtemperatur ca. 6–12 Stunden stehen, bis sich Bläschen bilden. Wiegen Sie dann von diesem gereiften Sauerteig für die Teigbereitung die für das Rezept benötigte Menge ab, den Rest geben Sie als Anstellgut für das nächste Sauerteigbrot bzw. Sauerteiggebäck in den Kühlschrank.

SAUERTEIG ODER HEFE

Sie werden feststellen, dass bei den Rezeptzutaten jeweils auch eine kleine Menge Hefe (nach Wunsch) angegeben ist. Das bedeutet, Sie können selbst entscheiden, ob Sie Hefe zufügen oder nicht, ich finde es bei der 1-Stufen-Führung empfehlenswert. Vor allem bei Rezepten, bei denen die Sauerteigmenge unter 100 g liegt oder auch, wenn der Sauerteig noch recht jung und frisch ist, sollten Sie auf jeden Fall etwas Hefe beimengen. Ist es in Ihrer Küche relativ kühl, würde ich Ihnen ebenfalls raten, dies zu tun. Im Sommer bei z. B. 30 °C können Sie auf die Hefe jedoch bedenkenlos verzichten.

Außerdem ist es eine Zeitfrage – sofern Sie Hefe beimengen, ist die Gehzeit um einiges kürzer als bei Teigen ohne Hefe.

TEIGENTWICKLUNG MIT UND OHNE HEFE

Wie auf den folgenden Bildern zu sehen ist, habe ich zwei gleiche Brotteige zubereitet – der Brotteig im linken Gärkorb enthält nur Sauerteig, der Brotteig im rechten Gärkorb enthält zusätzlich 6 g Hefe.

Alle 15 Minuten habe ich die Brotteige in den Gärkörben fotografiert. Die Bildfolge zeigt sehr gut die unterschiedliche Teigentwicklung:

Ob Sie dem Teig zusätzlich zum Sauerteig Hefe beifügen, hängt von den Faktoren Zeit und Temperatur ab: Wenn die Raumtemperatur eher niedrig ist oder Sie Zeit sparen wollen, ist Hefe hilfreich!

Wie man deutlich erkennen kann, geht der Teig mit Hefe viel schneller auf als ohne. Nach bereits 45 Minuten war jener Teig, der Hefe enthält, in der Vollgare und bereit für den Backofen. Das Brot nur mit Natursauerteig brauchte 2,5 Stunden Gehzeit, bis es zur perfekten Reife gekommen war.

Bei den beiden fertig gebackenen Broten kann man auch einen Unterschied erkennen: Das Brot mit Hefe im Teig ist etwas breiter gelaufen.

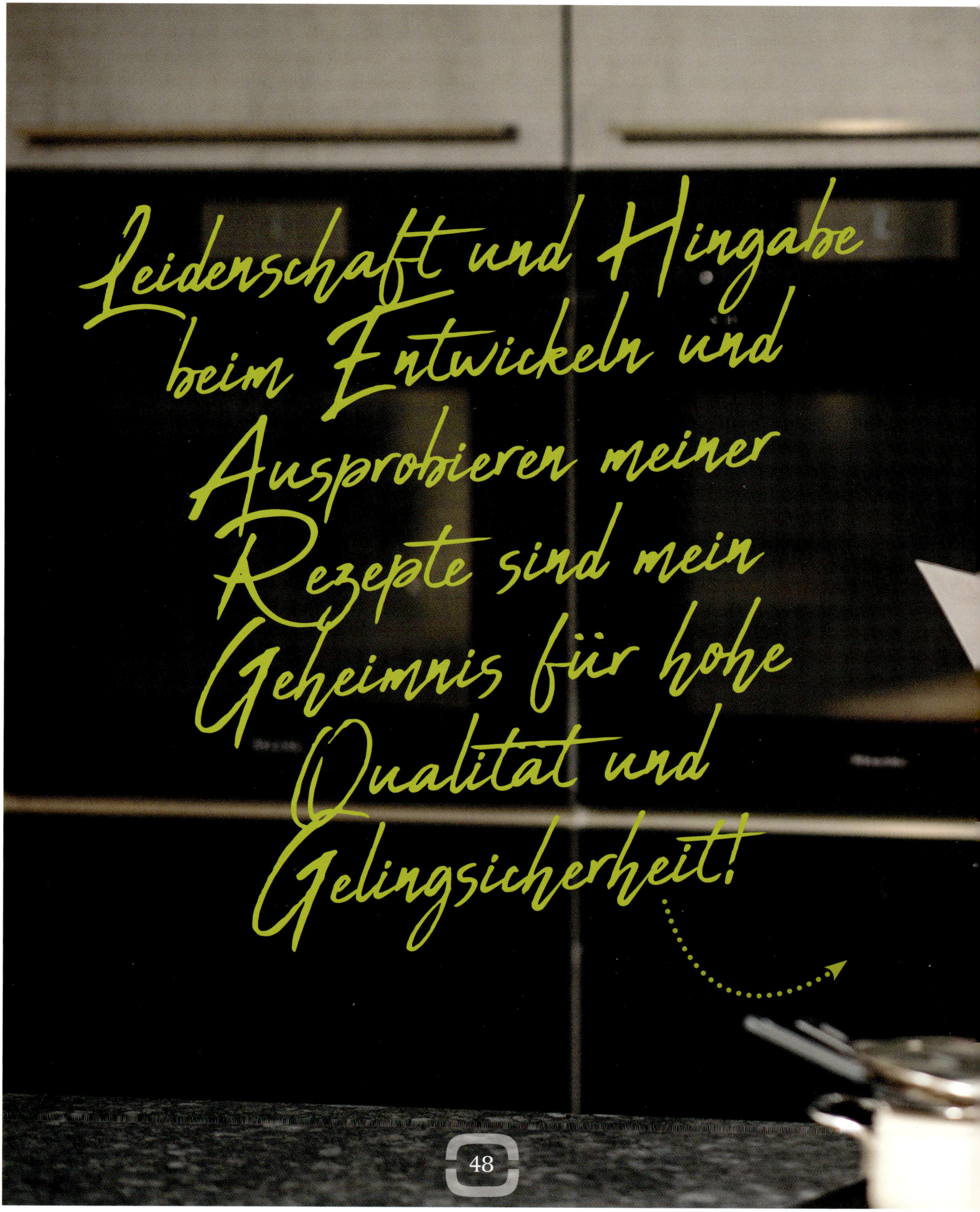

Leidenschaft und Hingabe beim Entwickeln und Ausprobieren meiner Rezepte sind mein Geheimnis für hohe Qualität und Gelingsicherheit!

Richtiges Backen VON BROT & KLEINGEBÄCK

BACKEN IM HAUSHALTSBACKOFEN

Ein wichtiger Punkt für das Gelingen von Brot und Gebäck ist schließlich das Backen. In meiner Backschule habe ich den großen Vorteil, stets neue Backofenmodelle, die sich bestens zum Brotbacken eignen, verwenden zu können. Nachdem ich mich mit meinen Backöfen immer genau auseinandergesetzt habe, konnte ich einige Funktionen finden, die mir beim Backen sehr geholfen haben. In diesem Abschnitt möchte ich Ihnen verschiedene Möglichkeiten aufzeigen, wie Sie Ihr Brot und Gebäck in Ihrem Haushaltsbackofen, auch wenn es nicht das neueste Modell ist, optimal backen können. Grundvoraussetzung dafür ist, dass Sie Ihren Backofen kennen; je nach Bedarf sollten Sie die Gebrauchsanleitung durchlesen!

STIMMT DIE ANGEZEIGTE TEMPERATUR?

Meine Erfahrung in den vielen Jahren meiner Backtätigkeit hat gezeigt, dass Backöfen sehr unterschiedlich heizen. Manchmal erreichen die Öfen nicht die gewünschte (angezeigte) Temperatur, andere wiederum heizen sehr stark. Zur genauen Kontrolle der Temperatur Ihres Backofens empfehle ich Ihnen, ein Backofenthermometer zu verwenden. Geben Sie das Thermometer auf einen Rost, schieben diesen in die Mitte des Backofens und überprüfen die Temperaturanzeige vom Display des Backofens mit der Temperatur, die Ihr Backofenthermometer anzeigt.

ANFANGSTEMPERATUR – RICHTIGES VORHEIZEN

Grundsätzlich sollte die bei den Rezepten angegebene hohe Anfangstemperatur möglichst eingehalten werden.

Haushaltsbacköfen unterschiedlicher Hersteller erreichen Temperaturen von 225 bis 280 °C. Bei meinem Backofen in der Backschule ist es möglich, die Temperatur auf 280 °C einzustellen. „Normale" Haushaltsbacköfen erreichen im Schnitt 250 °C. Bei manchen Backöfen ist die Temperatur mit 225 °C begrenzt, in diesem Fall sollte man die Backzeit um 2–5 Minuten verlängern.

Wichtig zu Beginn eines jeden Backprozesses, besonders bei Roggengebäck, ist die höchstmögliche Temperatureinstellung. Heizen Sie Ihren Backofen immer gut vor. Optimal wäre eine Vorheizzeit

DAS BROT WIRD IN DEN OFEN „EINGESCHOSSEN".

DAS BROT WIRD MIT DER BROTSCHAUFEL AUF DEN VORGEHEIZTEN PIZZASTEIN ODER DAS BACKBLECH „GESCHUPFT".

von ca. 30 Minuten. Sofern Sie einen Pizzastein verwenden, sollte dieser auf jeden Fall 45, besser sogar 60 Minuten vorgeheizt werden.

Backen Sie Ihr Brot auf einem normalen Backblech, sollten Sie das Backblech 15–20 Minuten, bevor das Brot in den Backofen kommt, ebenfalls vorheizen (achten Sie aber auf die Herstellerangaben denn mir ist es schon passiert, dass ich ein Backblech zu lange vorgeheizt habe und es sich bei der starken Hitze im Backofen aufgebogen hat). Mithilfe einer Brotschaufel schieben Sie dann das Brot direkt auf das heiße Blech oder den heißen Pizzastein. Bei Kleingebäck ist ein Vorheizen des Blechs nicht angebracht. Eine hohe Anfangstemperatur sorgt dafür, dass Ihr Brot bzw. Gebäck zu Beginn stabilisiert wird. Der sogenannte Ofentrieb setzt durch die gute Unterhitze sofort ein und Ihr Brot bzw. Gebäck geht gut auf.

OBER-/UNTERHITZE ODER HEISSLUFT BZW. UMLUFT?

Aus meiner Sicht ist für das Backen von Brot eine ruhige Backatmosphäre vorteilhaft, ich empfehle Ihnen also, mit Ober-/Unterhitze zu backen. Kleingebäck hingegen backe ich lieber mit Heißluft bzw. Umluft. Sie können jedoch auch Kleingebäck mit Ober-/Unterhitze backen und werden tolle Ergebnisse erzielen, wenn Sie nur ein Blech in den Backofen schieben (immer auf der mittleren Schiene). Die Temperatur bleibt während des gesamten Backvorganges gleich. Wenn Sie zwei Bleche auf einmal backen wollen, sollten Sie eher mit Heißluft bzw. Umluft backen und nach zwei Drittel der Backzeit das untere Blech nach oben und das obere nach unten geben.

BACKZEIT

Ob die im Rezept angegebene Backzeit stimmt, ist von der Backleistung des jeweiligen Ofens abhängig. Ich habe schon mit Backöfen gebacken, wo ich nach der normalerweise nötigen Backzeit nicht wirklich das Gefühl hatte, dass der Backprozess kurz vor dem Ende steht. Oder bei manchen Backöfen bräunt die Kruste bei der Verwendung von Heißluft bzw. Umluft schneller, als wenn man mit Ober-/Unterhitze bäckt.

Daher möchte ich nochmals an Sie appellieren, sich mit Ihrem Backofen auseinanderzusetzen: Kontrollieren Sie die tatsächliche Temperatur mit einem

Backofenthermometer, beobachten Sie immer wieder während des Backens das Brot bzw. das Gebäck, stellen Sie fest, ob die im Rezept angegebene Zeit/Temperatur gepasst hat, zu hoch oder zu niedrig war und machen Sie sich Notizen bei den ausprobierten Rezepten! Sie können auch testen, ob die Backergebnisse in Ihrem Ofen bei Ober-/Unterhitze oder bei Heißluft bzw. Umluft besser sind usw.

BACKEN MIT DAMPF

Dampf, in der Fachsprache „Schwaden" genannt, ist beim Backen ein wesentlicher Bestandteil, um ein perfektes Backergebnis zu erzielen. Wenn Sie Brot und Gebäck ohne Dampf backen, werden diese meist gräulich, bekommen kein gutes Volumen und eine sehr dichte Porung.

Brote und Kleingebäcke mit der optimalen Schwadenmenge bekommen eine resche Kruste, glänzen und sehen appetitlich aus.

Methoden für die Dampfeinbringung gibt es mehrere. Manche Backöfen haben dafür eine eigene Backofenfunktion. Der Ofen „saugt" automatisch, sobald mit dem Vorheizen begonnen wird, 100–200 ml Wasser an, nach Einbringung des Brotes kann man dieses Wasser in Schwadenform „auslösen". Nach 2–3 Minuten den Schwaden abziehen lassen (Backofentüre für ca. 20 Sekunden öffnen).

VARIANTEN FÜR DIE SCHWADENERZEUGUNG

SPRÜHFLASCHE:

Sprühen Sie mit dieser, bevor Sie das Brot bzw. Gebäck in den Ofen geben, ordentlich viel Wasser in den Backraum hinein. Von der Menge her können das schon gut 200 ml sein. Je mehr Feuchtigkeit zu Backbeginn in Ihrem Backofen herrscht, umso besser wird dann auch das Backergebnis.

GEFÄSS MIT WASSER:

Stellen Sie ein leeres Gefäß (Auflaufform oder eine kleine Kastenform) in den Backofen und heizen dieses mit auf. Erst wenn das Brot oder Kleingebäck in den Backofen kommt, wird kaltes Wasser in das Gefäß gefüllt. Dadurch entsteht eine recht gute Dampfbildung. Nach etwa 2–3 Minuten können Sie das Gefäß wieder herausnehmen.

LAVASTEINE ODER EDELSTAHLSCHRAUBEN:

Diese Hilfsmittel sind auch eine recht gute Möglichkeit zur Erzeugung von Dampf. Geben Sie zu Beginn der Aufheizphase die Steine bzw. Schrauben in eine kleine Auflaufform oder in eine sogenannte Nierenschale. Füllen Sie – sobald das Brot im Backofen ist – mit Hilfe einer Sprühflasche oder einer großen Spritze etwas Wasser in die Form.

> Anbacktemperatur, Schwadenerzeugung und die Backzeit sind nur ein paar der Faktoren, die zu einem optimalen Backergebnis beitragen.

BACKEN IM TOPF:

Wenn Sie Ihr Brot (für Kleingebäck gilt das nicht) in einem gusseisernen Topf oder in einem Römertopf backen, ersparen Sie sich die Einbringung von Dampf. Mit dieser Methode können Sie perfektes Brot backen, das optisch sehr ansprechend ist und bestimmt perfekt gelingt. Den Topf stellen Sie bereits zu Beginn des Vorheizens in den Ofen (Achtung: Römertopf muss zuvor „gewässert" werden – achten Sie je nach verwendetem Topf auf die Herstellerangaben!). Wenn das Brot nun perfekt aufgegangen ist, geben Sie dieses direkt in den heißen Topf und geben anschließend sofort den Deckel darauf. Durch dieses geschlossene Backsystem bleibt die Feuchtigkeit vom Teig im Behälter und sorgt so für den perfekten Schwaden, ohne dass Sie Wasser in jeglicher Form einbringen müssen.

Nehmen Sie 15–20 Minuten vor Ablauf der Backzeit den Deckel ab und backen das Brot ohne Deckel fertig, damit die Kruste knusprig wird.

BACKEN NACH KERNTEMPERATUR

Wenn Sie auf Nummer sicher gehen wollen, dass Ihr Brot perfekt durchgebacken ist, können Sie die Kerntemperatur mit einem Kerntemperaturfühler messen. Dazu stecken Sie den Temperaturfühler in die Mitte des Brotes hinein. Wenn die Kerntemperatur 98 °C beträgt, ist das Brot vollständig durchgebacken.

Manche Backöfen haben einen Kerntemperaturfühler integriert. Je nach Backofentyp erscheint dann am Display die gewünschte Kerntemperatur.

Bevor's losgeht
EMPFEHLUNGEN VOM BÄCKERMEISTER

WAS SIE UNBEDINGT BEACHTEN SOLLTEN

Wie für alle meine Bücher habe ich auch alle Rezepte in diesem Buch ausgiebig getestet. Dennoch möchte ich Ihnen, bevor es nun ans Backen geht, noch einige Ratschläge erteilen und wichtige Punkte in Erinnerung rufen – besonders Back-Anfänger sollten sich diese zu Herzen nehmen!

- Beschäftigen Sie sich mit den detaillierten Informationen über Sauerteig – gelungener Sauerteig ist die Voraussetzung für das Gelingen der Rezepte!
- Machen Sie sich einen ungefähren Zeitplan! Überlegen Sie vorab, wann Sie Zeit zum Brotbacken haben, denn der Sauerteigansatz muss ja dementsprechend 16–18 Stunden davor angefrischt werden und reifen.
- Lassen Sie sich Zeit beim Backen. Lesen Sie vor Beginn des Backens alle Rezeptschritte genau durch!
- Schauen Sie, bevor Sie sich ans Backen machen, noch einmal genau die Schritt-für-Schritt-Beschreibungen durch, damit Ihnen von der Sauerteigherstellung über die Teigbereitung bis hin zum Wirken, Gehenlassen und Backen auch alle Abläufe „in Fleisch und Blut" übergehen.
- Halten Sie sich genau an die Angaben im Rezept!
- Haben Sie jedoch die eine oder andere im Rezept angegebene Mehlsorte nicht zu Hause, können Sie auch andere Mehlsorten verwenden, wie auf S. 62 beschrieben.
- Das Roggenmehl sollte jedoch nicht ausgetauscht werden – die im Rezept angegebene Menge sollte beibehalten werden.
- Verwenden Sie unbedingt eine grammgenaue Küchenwaage.
- Achten Sie darauf, das Wasser richtig zu temperieren! Eine optimale Teigtemperatur ist Grundvoraussetzung für perfektes Brot & Gebäck.
- Alle verwendeten Zutaten (außer dem Wasser) sollten Raumtemperatur haben! Dies ist besonders in der kalten Jahreszeit ein wesentlicher Punkt, wenn man z. B. Mehl im Keller oder nach dem Einkauf mehrere Stunden im Auto lagert.

- Beobachten Sie den Teig beim Kneten. Roggenteige neigen dazu, eher zu schmieren als eine feste Konsistenz aufzuweisen. Auch kann es bei manchen Knetmaschinen vorkommen, dass der Teig immer wieder vom Kesselrand in die Mitte der Rührschüssel eingeschert werden muss.
- Durch unterschiedliche Mehlqualitäten kann es zu minimalen Abweichungen bei der Teigfestigkeit/Konsistenz kommen. Mehl ist ein Lebensmittel, das sich ständig etwas verändert, bezogen auf die Wasseraufnahme.
- Ob Sie einen Laib, einen Wecken oder lieber ein Kastenbrot backen, ob es beim Kleingebäck ein Weckerl, ein Stangerl oder eine beliebige andere Form sein soll – die Angaben sind nur Vorschläge und Sie können natürlich jede beliebige Form wählen.
- Die angegebene Backzeit sollte ein Richtwert sein! Beobachten Sie, v. a. wenn Sie zum ersten Mal Brot backen, das Brot während des Backens. Wenn es zu schnell bräunen sollte, nehmen Sie es früher aus dem Backofen, wenn Ihr Brot oder Gebäck nach der angegebenen Backzeit noch zu hell ist, verlängern Sie die Backzeit!
- Wenn Sie eine besonders starke Kruste bei Ihrem Brot wollen, können Sie das Brot „doppelt backen" (nach etwa 30 Minuten Auskühlzeit für 10 Minuten bei 220 °C Ober-/Unterhitze nochmals in den Backofen schieben).
- Lassen Sie Ihr Brot nach dem Backen mehrere Stunden auskühlen, um den vollen Brotgeschmack genießen zu können!

UND JETZT BACKEN WIR ES AN!

LITERATURVERZEICHNIS

Neben zahlreichen Kursunterlagen, die ich im Rahmen meiner Aus- und Weiterbildung zum Bäckermeister erhalten habe, habe ich für den theoretischen Teil auch die Standardwerke des Bäckerei-Wesens zu Rate gezogen:

Freund, Walter: Verfahrenstechnik Brot & Kleingebäck; Bäckerei-Konditorei Management; Gilde-Verlagsservice; 1. Aufl. 1995

Schünemann, Claus und Treu, Günter: Technologie der Backwarenherstellung. Die Herstellung von roggenhaltigen Gebäcken (Fachkundliches Arbeitsheft für Bäcker, Teil 2); Gilde-Verlagsservice, 4. Auflage 2003

Walter Freund: Technischer Bäcker, Modul 1 und 2, Schulungsunterlagen IGV GmbH

Genauigkeit und sauberes Arbeiten sowie ein bisschen Fingerspitzengefühl sind die Voraussetzungen für perfekte Backergebnisse!

SCHRITT FÜR SCHRITT ZUM SELBST GEMACHTEN Brot

GANZ DETAILLIERT MÖCHTE ICH IHNEN NUN MIT ANLEITUNGSFOTOS DEN GESAMTEN VORGANG DES BROTBACKENS (VOM ANFRISCHEN DES ANSTELLGUTS ÜBER DIE TEIGZUBEREITUNG, DAS GEHENLASSEN, DAS FORMEN UND ERNEUTE GEHENLASSEN BIS HIN ZUM BACKEN) ANHAND EINES BEISPIELS ZEIGEN. UND ZWAR MACHE ICH HIER EIN RUNDES BROT, DAS LANDBROT (REZEPT SIEHE S. 89). IM GRUNDE GENOMMEN TREFFEN DIE SCHRITTE (BIS AUF DAS UNTERSCHIEDLICHE FORMEN, AB DEM BILD NR. 28) AUF ALLE BROT- UND GEBÄCKREZEPTE IN DIESEM BUCH ZU. DAS FORMEN DER VERSCHIEDENEN BROTE (LAIB, WECKEN, KASTENBROT) BZW. DER GEBÄCKSTÜCKE (RUND, OVAL, VIERECKIG, STANGEN, EINGEDREHT) WIRD VOR DEN JEWEILIGEN REZEPT-KAPITELN GEZEIGT.

1 Für das Anfrischen des Anstellguts (ich gehe hier so wie auch bei allen Rezepten in diesem Buch von einem vorrätigen Anstellgut aus dem Kühlschrank aus) alle erforderlichen Zutaten und Utensilien bereitstellen.

2 Das temperierte Wasser in ein großes Glas (etwa 800 ml Fassungsvermögen) geben.

3 Mit einem Löffel das Anstellgut dem Wasser beimengen.

Wenn Sie noch kein Anstellgut (also „alten Sauerteig") im Kühlschrank gelagert haben, können Sie es selbst herstellen (siehe Beschreibung auf S. 33–36).

4 Mit einem Tafelmesser das Anstellgut und das temperierte Wasser vermischen, bis sich das Anstellgut aufgelöst hat.

5 Mit einem Löffel das Roggenmehl beimengen.

6 Mit einem Tafelmesser nun alles gut vermischen (der Sauerteigansatz soll eine Konsistenz wie ein dicker Brei haben).

7 Einen Deckel auf das Glas geben und den Sauerteigansatz an einem warmen Ort (Temperatur zwischen 22 und 25 °C) gehen lassen. Je nach Temperatur kann es 16–18 Stunden dauern, bis der Sauerteig fertig gereift ist.

8 Nicht vergessen: Damit Sie für das nächste Mal auch wieder Anstellgut haben, müssen Sie nach dem Entnehmen des benötigten Anstellguts aus dem Kühlschrank das verbleibende Anstellgut mit Mehl und Wasser füttern (siehe Beispiel auf S. 43) und 6–12 Stunden reifen lassen, bevor Sie es wieder in den Kühlschrank geben.

9 Wenn der Sauerteig fertig gereift ist, alle Zutaten für den Hauptteig abwiegen und bereitstellen.

10 Zuerst das temperierte Wasser in die Rührschüssel geben, damit der Teig besser durchgeknetet werden kann und sich keine Mehlklumpen am Rand absetzen können.

11 Die frische Hefe (falls gewünscht) in das temperierte Wasser einbröseln.

12 Anschließend den gereiften Roggensauerteig hinzufügen.

13 Wasser, Hefe und Roggensauerteig gut mit einem Schneebesen vermengen.

14 Anschließend alle restlichen Zutaten wie Mehl, Salz, Fett und gegebenenfalls Gewürze beimengen.

15 Mithilfe einer Küchenspachtel alle Teigzutaten gut vermischen.

16 Den Teig mit der Küchenmaschine oder mit einem Handmixer (Knethaken) maximal 5 Minuten auf kleiner Stufe kneten. (Sofern Sie eine Küchenmaschine mit Induktion besitzen, können Sie diese auf 32 °C einschalten und so den Teig optimal temperieren.)

17 Der geknetete Teig ist (wie bei den meisten Rezepten) eher klebrig und weich. Den Knethaken mit bemehlten Fingern gut abputzen.

18 Den Rührkessel auf die Arbeitsfläche stellen, mithilfe einer Teigkarte den Teig vom Kesselrand in die Mitte einscheren.

19 Etwas Roggenmehl über den klebrigen Teig streuen, damit dieser später leichter aus der Schüssel genommen werden kann.

20 Den fertigen Brotteig mit einem Geschirrtuch abdecken und ca. 30 Minuten bei Raumtemperatur zugedeckt rasten lassen.

21 Weil speziell Sauerteigbrote eine wärmere Umgebungstemperatur lieben, kann man auch den Backofen auf 35 °C Ober-/Unterhitze einschalten und den Teig darin gehen lassen (oder, wenn Sie eine Küchenmaschine mit Induktion haben, dort bei 32 °C mit Spritzschutz gehen lassen).

22 Wenn der Brotteig nach etwa 30 Minuten sein Volumen deutlich vergrößert hat, das Geschirrtuch entfernen.

23 Reichlich Roggenmehl auf der Arbeitsfläche verteilen und anschließend den Brotteig mithilfe der Teigkarte aus der Rührschüssel auf die Arbeitsplatte geben.

24 Einen runden Gärkorb (für dieses Rezept einen 2-kg-Gärkorb) mit Roggenmehl bestauben, das geht am besten mit einem feinmaschigen Mehlsieb.

25 Den Teig auf der Arbeitsplatte zu einem flachen Rechteck ausbreiten.

26 Nun den oberen Teil des Teigstücks zur Mitte hin einschlagen.

27 Diesen Vorgang von allen Seiten wiederholen, bis Sie das Gefühl haben, etwas Spannung in den Teig zu bekommen (der Teig soll sich etwas kompakter, fester, elastischer anfühlen und nicht mehr so klebrig sein).

28 Mit dem rechten Handballen den Teig mit etwas Druck von außen nach innen zu einer möglichst runden Kugel wirken (formen). Die linke Hand dient zur Führung des Teiges.

Zunächst ist der Teig ziemlich klebrig, deshalb sollten Sie die Arbeitsfläche und Ihre Hände ausreichend bemehlen. Der fertig gewirkte Teig ist nicht mehr so klebrig.

29 Nach dem Rundwirken sollte die Teigkugel recht stabil sein und vor allem sollte man auch Spannung fühlen. Ist der Teig mit zu wenig Druck geformt, könnte das Brot beim Herausstürzen aus dem Gärkorb zusammenfallen.

30 Dreht man die Teigkugel um, erkennt man auf der Unterseite den sogenannten Schluss. Ob das Brot mit dem Schluss nach oben oder nach unten in den Gärkorb gelegt wird, kann jeder nach Belieben selbst entscheiden.

31 Für dieses Landbrot-Rezept den Teigling mit dem Schluss (der Naht) nach unten in den gestaubten Gärkorb geben.

32 Anschließend die Teigkugel mit der Handfläche vorsichtig flach drücken.

33 Die Oberfläche des Brotes mithilfe des Mehlsiebs mit reichlich Roggenmehl bestauben (das Mehl sorgt dafür, dass die Kruste optisch schön reißt).

34 Den Gärkorb mit einem Tuch abdecken und den Teigling bei bestmöglicher Raumtemperatur bis zur optimalen Gare gehen lassen (siehe Erklärungen S. 53–54).

35 In der Zwischenzeit den Backofen mit dem Pizzastein auf mittlerer Schiene ca. 45 Minuten auf 280 °C vorheizen (bzw. mit dem Backblech ca. 15 Minuten). Für Brot den Ofen immer auf die höchstmögliche Stufe Ober-/Unterhitze vorheizen! Bei manchen Backöfen ist die Temperatur mit 225 °C begrenzt, hier kann sich die Backzeit um 2–5 Minuten verlängern.

36 Beim Dampfgarofen Wasser auffüllen; sobald das Brot im Backofen ist, einen Dampfstoß auslösen. Bei einem „normalen“ Backofen ohne Dampffunktion gleichzeitig mit dem Vorheizen ein leeres, hitzebeständiges Gefäß in den Backofen stellen, wenn das Brot in den Ofen kommt, das Gefäß mit kaltem Wasser befüllen.

37 Nach etwa 30–40 Minuten mit dem Finger leicht in den Teig drücken (Garprobe). Der Teig soll nach Entfernen des Fingers zurückfedern und der Abdruck nur leicht sichtbar sein.

Wenn Sie häufiger Brot backen, werden Sie bei Durchführung der Garprobe schon bald wie ein Profi feststellen, ob die optimale Gare erreicht ist oder nicht.

38 Nach erfolgreicher Garprobe, wenn der Teigling die perfekte Reife erreicht hat, ist auch meist die Oberfläche des Teigs stark gesprungen, ein weiteres Zeichen für die perfekte Gare. Eine Holzschaufel zum Einschießen des Teiglings gut mit Roggenmehl bestauben (alternativ können Sie ein großes Holzbrett verwenden).

39 Das Brot mit lockeren Bewegungen im Gärkorb bewegen und anschließend vorsichtig aus dem Gärkorb auf die Holzschaufel schupfen (nicht stürzen!).

40 Sobald der Teigling auf der Holzschaufel liegt, noch etwa 30–60 Sekunden etwas sitzen lassen, damit er ein bisschen in die Breite läuft.

41 Den Teigling vorsichtig mit etwas Schwung von der Holzschaufel in die Mitte des Pizzasteins (bzw. des Backblechs) schupfen. In das aufgeheizte Gefäß im Backofen kaltes Wasser füllen bzw. beim Dampfbackofen sofort einen Dampfstoß auslösen. Sobald das Brot im Backofen ist, die Temperatur bei 1-kg-Broten auf 200 °C reduzieren, bei 2-kg-Broten auf 180 °C.

42 Nach 2–3 Minuten die Backofentür für etwa 30 Sekunden öffnen und den Schwaden abziehen lassen (falls eine Wasserschale verwendet wurde, diese nun entfernen). Das Brot so lange, wie im Rezept angegeben, backen (man rechnet ungefähr 55 Minuten Backzeit pro Kilogramm Brot).

43 Nach der Backzeit das Brot mit der Holzschaufel aus dem Backofen nehmen, auf der Unterseite des Brotes die Klopfprobe machen, wenn es hohl klingt, ist das Brot fertig gebacken.

44 Zum Auskühlen das Brot am besten auf einen Küchenrost legen, so bekommt es von unten genügend Luft und kühlt gut ab.

ROGGENSAUERTEIG-BROTE: Runde Laibe

UM SCHÖNE LAIBE ZU ERHALTEN, WERDEN DIE RUND GEWIRKTEN TEIGLINGE ENTWEDER MIT DEM SCHLUSS NACH OBEN IN DEN MITHILFE EINES MEHLSIEBS GUT MIT ROGGENMEHL AUSGESTREUTEN RUNDEN GÄRKORB GELEGT ODER SIE KOMMEN MIT DEM SCHLUSS NACH UNTEN IN DEN BEMEHLTEN GÄRKORB, DANN WIRD AUCH DIE OBERFLÄCHE BEMEHLT, DAMIT DIE KRUSTE SCHÖN AUFSPRINGT.

RUNDEN LAIB FORMEN, SCHLUSS OBEN, MIT GEWÜRZEN BESTREUT

1. Soll die Oberfläche des Brotes mit Gewürzen oder Saaten bestreut sein (sieht optisch sehr schön aus), als Erstes diese in den Gärkorb streuen.

2 Anschließend den Gärkorb mithilfe eines Mehlsiebs gut mit Roggenmehl ausstreuen.

3 Den Brotteig wie auf S. 75 beschrieben rund wirken.

4 Den rund gewirkten Teigling mit dem Schluss nach oben in den Gärkorb legen.

6 Nach Überprüfung der Gare (siehe S. 78) eine Holzschaufel zum Einschießen des Teiglings gut mit Roggenmehl bestauben (alternativ können Sie ein großes Holzbrett verwenden).

5 Den Teigling leicht flach drücken und zugedeckt gehen lassen.

7 Den Teigling dann aus dem Gärkorb auf die Holzschaufel stürzen, danach weiter vorgehen, wie auf S. 80 beschrieben.

RUNDEN LAIB FORMEN, SCHLUSS UNTEN

Runde Laibe können auch mit dem Schluss nach unten in den mit Mehl ausgestreuten Gärkorb gelegt werden (siehe S. 76). Wenn die Oberfläche mit Mehl bestaubt wird, ergibt das eine schöne Kruste. Wichtig ist hier, dass der Teigling nicht aus dem Gärkorb gestürzt, sondern durch leichte Bewegung gelockert und dann „rausgeschupft“ wird.

Die Stückgare richtet sich nach der Zubereitungsart. Wenn Sie dem Teig die in den Rezepten angegebene Menge frische Hefe beimengen, ist die Gehzeit vor dem Backen kürzer, ohne Hefe benötigt der Teig mehr Zeit zum Reifen. Die Gehzeit ist auch von der Raumtemperatur abhängig, deshalb Garprobe machen!

BAUERNBROT

(1 kg)

ANFRISCHEN

10 g Anstellgut aus dem Kühlschrank (alter Sauerteig)
85 g Wasser (35–40 °C)
85 g Roggenmehl Type 960
ergibt 180 g Roggensauerteig

Vermischen und reifen lassen (siehe S. 67–69, Schritt 1–7).
Reifezeit: ca. 16–18 Stunden bei Raumtemperatur.

HAUPTTEIG

410 g Wasser (ca. 40 °C)
6 g frische Hefe (nach Wunsch)
180 g Roggensauerteig

Mit einem Schneebesen verrühren (siehe S. 70–71, Schritt 9–13).

340 g Roggenmehl Type 960
220 g Weizenbrotmehl Type 1600
15 g Salz
10 g Schweineschmalz oder Speiseöl
10 g Brotgewürz nach Wunsch (Kümmel, Fenchel, Koriander)

Restliche Zutaten zum Roggensauerteiggemisch geben und verkneten (wie auf S. 71–72, Schritt 14–18, beschrieben).

KNETZEIT

5 Minuten langsam, 1 Minute intensiver (gesamt 6 Minuten).

TEIGRUHE NACH DEM KNETEN

Wie auf S. 73 (Schritt 19–21) beschrieben 30 Minuten gehen lassen.

AUFARBEITUNG

Den Teig auf die gut bemehlte Arbeitsfläche geben, einschlagen und anschließend rund formen (siehe S. 74–76, Schritt 22–30), den Laib mit dem Schluss nach oben in den bemehlten 1-kg-Gärkorb geben (siehe S. 82, Schritt 2–4).

STÜCKGARE & VORHEIZEN

Zugedeckt etwa 45 Minuten gehen lassen (ohne Hefe etwa 2 Stunden) und den Backofen auf 280 °C (bzw. auf Maximaltemperatur) vorheizen (siehe S. 77–78, Schritt 34–36).

GARPROBE & AUSFERTIGEN VOR DEM BACKEN

Nach der Garprobe (siehe S. 54) den Laib aus dem Gärkorb stürzen (S. 83, Schritt 7), mit einem Teigmesser drei Einschnitte in Form eines Dreiecks machen, mit dem Daumen ein Loch in die Mitte drücken und das Brot einschießen (S. 80, 41).

BACKEN

Wie auf S. 80 (Schritt 42) beschrieben Schwaden nach 3 Minuten abziehen lassen (Backofentür öffnen), Temperatur auf 200 °C reduzieren.

BACKZEIT

55 Minuten (bei 1 kg Brot) backen, dann herausnehmen und auskühlen lassen (S. 80, Schritt 43–44).

BACKTEMPERATUR
280 °C fallend auf 200 °C

BURGENLÄNDER

(1 kg)

ANFRISCHEN

6 g Anstellgut aus dem Kühlschrank (alter Sauerteig)
52 g Wasser (35–40 °C)
52 g Roggenmehl Type 960
ergibt 110 g Roggensauerteig

Vermischen und reifen lassen (siehe S. 67–69, Schritt 1–7). Reifezeit: ca. 16–18 Stunden bei Raumtemperatur.

HAUPTTEIG

440 g Wasser (ca. 40 °C)
6 g frische Hefe (nach Wunsch)
110 g Roggensauerteig

Mit einem Schneebesen verrühren (siehe S. 70–71, Schritt 9–13).

400 g Roggenmehl Type 960
200 g Weizenbrotmehl Type 1600
16 g Salz
15 g Schweineschmalz oder Speiseöl

Restliche Zutaten zum Roggensauerteiggemisch geben und verkneten (wie auf S. 71–72, Schritt 14–18, beschrieben).

KNETZEIT

5 Minuten langsam, 1 Minute intensiver (gesamt 6 Minuten).

TEIGRUHE NACH DEM KNETEN

Wie auf S. 73 (Schritt 19–21) beschrieben 30 Minuten gehen lassen.

AUFARBEITUNG

Den Teig auf die gut bemehlte Arbeitsfläche geben, einschlagen und anschließend rund formen (siehe S. 74–76, Schritt 22–30), den Laib mit dem Schluss nach unten in den bemehlten 1-kg-Gärkorb geben (siehe S. 76, Schritt 31).

STÜCKGARE & VORHEIZEN

Zugedeckt etwa 45 Minuten gehen lassen (ohne Hefe etwa 2 ½–3 Stunden) und den Backofen auf 280 °C (bzw. auf Maximaltemperatur) vorheizen (siehe S. 77–78, Schritt 34–36).

GARPROBE & AUSFERTIGEN VOR DEM BACKEN

Nach der Garprobe (optimal: ⅔-Gare, siehe S. 54 bzw. S. 78, Schritt 37) den Laib aus dem Gärkorb stürzen (Schluss nach oben!) und einschießen (siehe S. 80, Schritt 41).

BACKEN

Wie auf S. 80 (Schritt 42) beschrieben Schwaden nach 3–5 Minuten abziehen lassen (Backofentür öffnen), Temperatur auf 200 °C reduzieren.

BACKZEIT

55 Minuten (bei 1 kg Brot) backen, dann herausnehmen und auskühlen lassen (S. 80, Schritt 43–44).

BACKTEMPERATUR
280 °C fallend auf 200 °C

LANDBROT (1,4 kg)

ANFRISCHEN

20 g Anstellgut aus dem Kühlschrank (alter Sauerteig)
125 g Wasser (35–40 °C)
125 g Roggenmehl Type 960
ergibt 270 g Roggensauerteig

Vermischen und reifen lassen (siehe S. 67–69, Schritt 1–7).
Reifezeit: ca. 16–18 Stunden bei Raumtemperatur.

HAUPTTEIG

500 g Wasser (ca. 40 °C)
8 g frische Hefe (nach Wunsch)
270 g Roggensauerteig

Mit einem Schneebesen verrühren (siehe S. 70–71, Schritt 9–13).

500 g Roggenmehl Type 960
110 g Roggenmehl Type 2500
110 g Weizenbrotmehl Type 1600
17 g Salz
18 g Schweineschmalz oder Speiseöl

Restliche Zutaten zum Roggensauerteiggemisch geben und verkneten (wie auf S. 71–72, Schritt 14–18, beschrieben).

KNETZEIT

5 Minuten langsam (gesamt 5 Minuten).

TEIGRUHE NACH DEM KNETEN

Wie auf S. 73 (Schritt 19–21) beschrieben 30 Minuten gehen lassen.

AUFARBEITUNG

Den Teig auf der gut bemehlten Arbeitsfläche einschlagen (siehe S. 74–75, Schritt 22–27), rund formen, den Laib mit dem Schluss nach unten in den bemehlten 2-kg-Gärkorb geben, die Oberfläche gut mit Roggenmehl bestauben (siehe S. 75–77, Schritt 28–33).

STÜCKGARE & VORHEIZEN

Zugedeckt etwa 45–60 Minuten gehen lassen (ohne Hefe etwa 2 ½–3 Stunden) und den Backofen auf 280 °C (bzw. auf Maximaltemperatur) vorheizen (siehe S. 77–78, Schritt 34–36).

GARPROBE & AUSFERTIGEN VOR DEM BACKEN

Nach der Garprobe (optimal: ⅔-Gare, siehe S. 54 bzw. S. 78, Schritt 37) den Laib aus dem Gärkorb schupfen und einschießen (siehe S. 79–80, Schritt 38–41).

BACKEN

Wie auf S. 80 (Schritt 42) beschrieben Schwaden nach 3–5 Minuten abziehen lassen (Backofentür öffnen), Temperatur auf 180 °C reduzieren.

BACKZEIT

80 Minuten (bei 1,4 kg Brot) backen, dann herausnehmen und auskühlen lassen (S. 80, Schritt 43–44).

BACKTEMPERATUR
280 °C fallend auf 180 °C

ROGGEN-DINKEL-GEWÜRZBROT

(1 kg)

ANFRISCHEN

10 g Anstellgut aus dem Kühlschrank (alter Sauerteig)
75 g Wasser (35–40 °C)
75 g Roggenmehl Type 960
ergibt 160 g Roggensauerteig

Vermischen und reifen lassen (siehe S. 67–69, Schritt 1–7). Reifezeit: ca. 16–18 Stunden bei Raumtemperatur.

HAUPTTEIG

410 g Wasser (ca. 40 °C)
6 g frische Hefe (nach Wunsch)
160 g Roggensauerteig

Mit einem Schneebesen verrühren (siehe S. 70–71, Schritt 9–13).

250 g Roggenmehl Type 960
300 g Dinkelmehl Type 700
15 g Salz
10 g Schweineschmalz oder Speiseöl
2 g Fenchelsamen
4 g Kümmel ganz
4 g Koriander gemahlen

Restliche Zutaten zum Roggensauerteiggemisch geben und verkneten (wie auf S. 71–72, Schritt 14–18, beschrieben).

KNETZEIT

5 Minuten langsam (gesamt 5 Minuten).

TEIGRUHE NACH DEM KNETEN

Wie auf S. 73 (Schritt 19–21) beschrieben 30 Minuten gehen lassen.

AUFARBEITUNG

Den 1-kg-Gärkorb mit ca. 8 g Fenchel- und Kümmelsamen ausstreuen und bemehlen (siehe S. 81–82, Schritt 1–2). Teig auf der bemehlten Arbeitsfläche einschlagen, dann rund formen (siehe S. 75, Schritt 25–28), mit dem Schluss nach oben in den Gärkorb geben.

STÜCKGARE & VORHEIZEN

Zugedeckt etwa 45 Minuten gehen lassen (ohne Hefe etwa 2 ½ Stunden) und den Backofen auf 280 °C (bzw. auf Maximaltemperatur) vorheizen (siehe S. 77–78, Schritt 34–36).

GARPROBE & AUSFERTIGEN VOR DEM BACKEN

Nach der Garprobe (optimal: ⅔-Gare, siehe S. 54 bzw. S. 78, Schritt 37) den Laib aus dem Gärkorb stürzen und einschießen (siehe S. 80, Schritt 41).

BACKEN

Wie auf S. 80 (Schritt 42) beschrieben Schwaden nach 3–5 Minuten abziehen lassen (Backofentür öffnen), Temperatur auf 200 °C reduzieren.

BACKZEIT

55 Minuten (bei 1 kg Brot) backen, dann herausnehmen und auskühlen lassen (S. 80, Schritt 43–44).

BACKTEMPERATUR
280 °C fallend auf 200 °C

VINSCHGAUER

(2 kg)

ANFRISCHEN

20 g Anstellgut aus dem Kühlschrank (alter Sauerteig)
115 g Wasser (35–40 °C)
115 g Roggenmehl Type 960
ergibt 250 g Roggensauerteig

Vermischen und reifen lassen (siehe S. 67–69, Schritt 1–7). Reifezeit: ca. 16–18 Stunden bei Raumtemperatur.

HAUPTTEIG

800 g Wasser (ca. 40 °C)
10 g frische Hefe (nach Wunsch)
250 g Roggensauerteig

Mit einem Schneebesen verrühren (siehe S. 70–71, Schritt 9–13).

740 g Roggenmehl Type 960
100 g Roggenmehl Type 2500
190 g Weizenbrotmehl Type 1600
25 g Salz
25 g Schweineschmalz oder Speiseöl
5 g Fenchelsamen
8 g Kümmel ganz

Restliche Zutaten zum Roggensauerteiggemisch geben und verkneten (wie auf S. 71–72, Schritt 14–18, beschrieben).

KNETZEIT

5 Minuten langsam (gesamt 5 Minuten).

TEIGRUHE NACH DEM KNETEN

Wie auf S. 73 beschrieben 30 Minuten gehen lassen.

AUFARBEITUNG

Den Teig auf der gut bemehlten Arbeitsfläche einschlagen, rund formen, den Laib mit dem Schluss nach unten in den bemehlten 2-kg-Gärkorb geben, die Oberfläche gut mit Roggenmehl bestauben (siehe S. 74–77, Schritt 22–33).

STÜCKGARE & VORHEIZEN

Zugedeckt etwa 45 Minuten gehen lassen (ohne Hefe etwa 2 ½ Stunden), den Backofen auf 280 °C (bzw. auf Maximaltemperatur) vorheizen (siehe S. 77–78, Schritt 34–36).

GARPROBE & AUSFERTIGEN VOR DEM BACKEN

Nach der Garprobe (optimal: ⅔-Gare, siehe S. 54 bzw. S. 78, Schritt 37) den Laib aus dem Gärkorb schupfen und einschießen (siehe S. 79–80, Schritt 38–41).

BACKEN

Wie auf S. 80 (Schritt 42) beschrieben Schwaden nach 3–5 Minuten abziehen lassen (Backofentür öffnen), Temperatur auf 180 °C reduzieren.

BACKZEIT

1 Stunde 40 Minuten (bei 2 kg Brot) backen, dann herausnehmen und auskühlen lassen (S. 80, Schritt 43–44).

BACKTEMPERATUR
280 °C fallend auf 180 °C

BUSCHENSCHANKBROT

(2 kg)

ANFRISCHEN

20 g Anstellgut aus dem Kühlschrank (alter Sauerteig)
105 g Wasser (35–40 °C)
105 g Roggenmehl Type 960
ergibt 230 g Roggensauerteig

Vermischen und reifen lassen (siehe S. 67–69, Schritt 1–7).
Reifezeit: ca. 16–18 Stunden bei Raumtemperatur.

HAUPTTEIG

800 g Wasser (ca. 40 °C)
10 g frische Hefe (nach Wunsch)
230 g Roggensauerteig

Mit einem Schneebesen verrühren (siehe S. 70–71, Schritt 9–13).

540 g Roggenmehl Type 960
520 g Weizenbrotmehl Type 1600
28 g Salz
28 g Schweineschmalz oder Speiseöl

Restliche Zutaten zum Roggensauerteiggemisch geben und verkneten (wie auf S. 71–72, Schritt 14–18, beschrieben).

KNETZEIT

5 Minuten langsam, 1 Minute intensiver (gesamt 6 Minuten).

TEIGRUHE NACH DEM KNETEN

Wie auf S. 73 (Schritt 19–21) beschrieben 30 Minuten gehen lassen.

AUFARBEITUNG

Den Teig auf die gut bemehlte Arbeitsfläche geben, einschlagen (siehe S. 74–75, Schritt 22–27) und anschließend rund formen, den Laib mit dem Schluss nach oben in den bemehlten 2-kg-Gärkorb geben (siehe S. 82, Schritt 2–4).

STÜCKGARE & VORHEIZEN

Zugedeckt etwa 45 Minuten gehen lassen (ohne Hefe etwa 2 ½–3 Stunden) und den Backofen auf 280 °C (bzw. auf Maximaltemperatur) vorheizen (siehe S. 77–78, Schritt 34–36).

GARPROBE & AUSFERTIGEN VOR DEM BACKEN

Nach der Garprobe (optimal: ⅔-Gare, siehe S. 54 bzw. S. 78, Schritt 37) den Laib aus dem Gärkorb stürzen (siehe S. 83, Schritt 6–7), mit einer dicken Stricknadel einige Male einstechen und einschießen (siehe S. 80, Schritt 41).

BACKEN

Wie auf S. 80 (Schritt 42) beschrieben Schwaden nach 3–5 Minuten abziehen lassen (Backofentür öffnen), Temperatur auf 180 °C reduzieren.

BACKZEIT

1 Stunde 40 Minuten (bei 2 kg Brot) backen, dann herausnehmen und auskühlen lassen (S. 80, Schritt 43–44).

BACKTEMPERATUR
280 °C fallend auf 180 °C

WALDBAUER *(1 kg)*

ANFRISCHEN

10 g Anstellgut aus dem Kühlschrank (alter Sauerteig)
80 g Wasser (35–40 °C)
80 g Roggenmehl Type 960
ergibt 170 g Roggensauerteig

Vermischen und reifen lassen (siehe S. 67–69, Schritt 1–7). Reifezeit: ca. 16–18 Stunden bei Raumtemperatur.

QUELLSTÜCK

130 g Wasser (ca. 40 °C)
65 g Haferflocken
65 g Sonnenblumenkerne
ergibt 260 g Quellstück

Die Zutaten für das Quellstück vermengen und mindestens 3 Stunden ziehen lassen .

HAUPTTEIG

240 g Wasser (ca. 40 °C)
6 g frische Hefe (nach Wunsch)
170 g Roggensauerteig

Mit einem Schneebesen verrühren (siehe S. 70–71, Schritt 9–13).

260 g Quellstück
300 g Roggenmehl Type 960
65 g Roggenmehl Type 2500
70 g Weizenbrotmehl Type 1600
16 g Salz
10 g Schweineschmalz oder Speiseöl

Restliche Zutaten zum Roggensauerteiggemisch geben und verkneten (wie auf S. 71–72, Schritt 14–18, beschrieben).

KNETZEIT

5 Minuten langsam (gesamt 5 Minuten).

TEIGRUHE NACH DEM KNETEN

Wie auf S. 73 (Schritt 19–21) beschrieben 30 Minuten gehen lassen.

AUFARBEITUNG

Den Teig auf die gut bemehlte Arbeitsfläche geben, einschlagen (siehe S. 74–75, Schritt 22–27), rund formen, den Laib mit dem Schluss nach oben in den bemehlten 1-kg-Gärkorb geben (siehe S. 82, Schritt 2–4).

STÜCKGARE & VORHEIZEN

Zugedeckt etwa 45 Minuten gehen lassen (ohne Hefe etwa 2 ½ Stunden), den Backofen auf 280 °C (bzw. auf Maximaltemperatur) vorheizen (siehe S. 77–78, Schritt 34–36).

GARPROBE & AUSFERTIGEN VOR DEM BACKEN

Nach der Garprobe (siehe S. 54 bzw. S. 78, Schritt 37) den Laib aus dem Gärkorb stürzen, mit beiden Händen zu einem Rechteck formen und einschießen (siehe S. 80, Schritt 41).

BACKEN

Wie auf S. 80 (Schritt 42) beschrieben Schwaden nach 3 Minuten abziehen lassen (Backofentür öffnen), Temperatur auf 200 °C reduzieren.

BACKZEIT

55 Minuten (bei 1 kg Brot) backen, dann herausnehmen und auskühlen lassen (S. 80, Schritt 43–44).

BACKTEMPERATUR
280 °C fallend auf 200 °C

TIROLER BROT

(2 kg)

ANFRISCHEN

15 g Anstellgut aus dem Kühlschrank (alter Sauerteig)
85 g Wasser (35–40 °C)
85 g Roggenmehl Type 960
ergibt 185 g Roggensauerteig

Vermischen und reifen lassen (siehe S. 67–69, Schritt 1–7).
Reifezeit: ca. 16–18 Stunden bei Raumtemperatur.

HAUPTTEIG

850 g Wasser (ca. 40 °C)
10 g frische Hefe (nach Wunsch)
185 g Roggensauerteig

Mit einem Schneebesen verrühren (siehe S. 70–71, Schritt 9–13).

510 g Roggenmehl Type 960
160 g Roggenmehl Type 2500
410 g Weizenbrotmehl Type 1600
25 g Salz
15 g Schweineschmalz oder Speiseöl
15 g Kümmel gemahlen

Restliche Zutaten zum Roggensauerteiggemisch geben und verkneten (wie auf S. 71–72, Schritt 14–18, beschrieben).

KNETZEIT

5 Minuten langsam, 1 Minute intensiver (gesamt 6 Minuten).

TEIGRUHE NACH DEM KNETEN

Wie auf S. 73 (Schritt 19–21) beschrieben 30 Minuten gehen lassen.

AUFARBEITUNG

Teig auf der gut bemehlten Arbeitsfläche einschlagen (siehe S. 74–75, Schritt 22–27), etwas Kümmel in den Gärkorb streuen, rund formen, den Laib mit dem Schluss nach oben in den bemehlten 2-kg-Gärkorb geben (siehe S. 81–82, Schritt 1–4).

STÜCKGARE & VORHEIZEN

Zugedeckt etwa 45–60 Minuten gehen lassen (ohne Hefe etwa 2 ½–3 Stunden) und den Backofen auf 280 °C (bzw. auf Maximaltemperatur) vorheizen (siehe S. 77–78, Schritt 34–36).

GARPROBE & AUSFERTIGEN VOR DEM BACKEN

Nach der Garprobe (optimal: ⅔-Gare, siehe S. 54 bzw. S. 78, Schritt 37) den Laib aus dem Gärkorb stürzen, mit einer dicken Stricknadel einige Male einstechen und einschießen (siehe S. 80, Schritt 41).

BACKEN

Wie auf S. 80 (Schritt 42) beschrieben Schwaden nach 3–5 Minuten abziehen lassen (Backofentür öffnen), Temperatur auf 180 °C reduzieren.

BACKZEIT

1 Stunde 40 Minuten (bei 2 kg Brot) backen, dann herausnehmen und auskühlen lassen (S. 80, Schritt 43–44).

BACKTEMPERATUR
280 °C fallend auf 180 °C

Hier möchte ich anhand der Anleitungsfotos zeigen, wie perfekte Wecken geformt werden. Ob diese dann in einen länglichen Gärkorb oder in eine Kastenform kommen, können Sie selbst entscheiden.

ROGGENSAUERTEIG-BROTE: *Wecken und Kastenbrote*

(„WANDL"-BROTE)

FÜR WECKEN WIRD DER TEIG LÄNGLICH GEFORMT, ZUM GEHENLASSEN IN EINEN WECKEN-GÄRKORB GEGEBEN UND VOR DEM BACKEN HERAUSGESTÜRZT. FÜR KASTENBROTE WIRD DER BROTTEIG GENAUSO WIE FÜR WECKEN GEFORMT. ER WIRD DANN ZUM GEHENLASSEN ALLERDINGS NICHT IN EINEN GÄRKORB GELEGT, SONDERN GLEICH IN DIE KASTENFORM, IN DER ER AUCH GEBACKEN WIRD.

WECKEN FORMEN, SCHLUSS OBEN

1. Bevor ein Wecken geformt werden kann, muss der Teigling vorab rund gewirkt werden.

2. Anschließend den rund gewirkten Teigling mit der Naht nach oben auf die Arbeitsfläche legen.

3. Den Teig flach drücken und von oben und unten zur Mitte hin einschlagen.

4. Den länglich geformten Teigling ein bisschen hin und her rollen, den Gärkorb mithilfe eines Mehlsiebs gut mit Roggenmehl ausstreuen.

5 Den Teigling mit der Naht nach oben (oder unten) in den Gärkorb (bzw. für ein Kastenbrot in die Kastenform) legen.

6 Zugedeckt wie im Rezept angegeben gehen lassen, danach überprüfen, ob die optimale $^2/_3$-Gare erreicht ist (siehe S. 54).

7 Eine Holzschaufel zum Einschießen des Teiglings gut mit Roggenmehl bestauben (alternativ können Sie ein großes Holzbrett verwenden).

8 Den Teigling aus dem Gärkorb auf die bemehlte Holzschaufel stürzen (beim Kastenbrot bleibt der gereifte Teigling natürlich in der Form und wird mit dieser auf den Küchenrost im vorgeheizten Ofen gegeben).

9 Den Teigling auf Wunsch mit einem scharfen Teigmesser drei- bis viermal schräg einschneiden. Anschließend wie auf S. 80 beschrieben in den Backofen einschießen und backen, wie im Rezept angegeben.

BUTTERMILCHBROT

(1 kg)

ANFRISCHEN

20 g Anstellgut aus dem Kühlschrank (alter Sauerteig)
50 g Wasser (35–40 °C)
50 g Roggenmehl Type 960
ergibt 120 g Roggensauerteig

Vermischen und reifen lassen (siehe S. 67–69, Schritt 1–7). Reifezeit: ca. 16–18 Stunden bei Raumtemperatur.

HAUPTTEIG

300 g Wasser (ca. 40 °C)
150 g Buttermilch (Raumtemperatur)
6 g frische Hefe (nach Wunsch)
120 g Roggensauerteig

Mit einem Schneebesen verrühren (siehe S. 70–71, Schritt 9–13).

290 g Roggenmehl Type 960
290 g Weizenbrotmehl Type 1600
15 g Salz

Restliche Zutaten zum Roggensauerteiggemisch geben und verkneten (wie auf S. 71–72, Schritt 14–18, beschrieben).

KNETZEIT

5 Minuten langsam, 1 Minute intensiver (gesamt 6 Minuten).

TEIGRUHE NACH DEM KNETEN

Wie auf S. 73 (Schritt 19–21) beschrieben 30 Minuten gehen lassen.

AUFARBEITUNG

Den Teig zu einem Wecken formen, dafür zwei gleich große Teigstücke auswiegen, diese zuerst rund formen, die Teigkugeln nebeneinander mit dem Schluss nach oben in den bemehlten 1-kg-Gärkorb legen.

STÜCKGARE & VORHEIZEN

Zugedeckt etwa 45 Minuten gehen lassen (ohne Hefe etwa 2 ½ Stunden) und den Backofen auf 280 °C (bzw. auf Maximaltemperatur) vorheizen (siehe S. 77–78, Schritt 34–36).

GARPROBE & AUSFERTIGEN VOR DEM BACKEN

Nach der Garprobe (optimal: ⅔-Gare, siehe S. 54 bzw. S. 78, Schritt 37) den Wecken aus dem Gärkorb stürzen (siehe S. 103, Schritt 7–8), mit einem scharfen Teigmesser in der Mitte einen Längsschnitt machen und einschießen (siehe S. 80, Schritt 41).

BACKEN

Wie auf S. 80 (Schritt 42) beschrieben Schwaden nach 3 Minuten abziehen lassen (Backofentür öffnen), Temperatur auf 200 °C reduzieren.

BACKZEIT

55 Minuten (bei 1 kg Brot) backen, dann herausnehmen und auskühlen lassen (S. 80, Schritt 43–44).

BACKTEMPERATUR
280 °C fallend auf 200 °C

HALBWEISSER WECKEN

(1 kg)

ANFRISCHEN

10 g Anstellgut aus dem Kühlschrank (alter Sauerteig)
70 g Wasser (35–40 °C)
70 g Roggenmehl Type 960
ergibt 150 g Roggensauerteig

Vermischen und reifen lassen (siehe S. 67–69, Schritt 1–7). Reifezeit: ca. 16–18 Stunden bei Raumtemperatur.

HAUPTTEIG

410 g Wasser (ca. 40 °C)
6 g frische Hefe (nach Wunsch)
150 g Roggensauerteig

Mit einem Schneebesen verrühren (siehe S. 70–71, Schritt 9–13).

350 g Roggenmehl Type 960
250 g Weizenbrotmehl Type 1600
15 g Salz
15 g Schweineschmalz oder Speiseöl
5 g Brotgewürz (Kümmel, Fenchel, Anis)

Restliche Zutaten zum Roggensauerteiggemisch geben und verkneten (wie auf S. 71–72, Schritt 14–18, beschrieben).

KNETZEIT

5 Minuten langsam, 1 Minute intensiver (gesamt 6 Minuten).

TEIGRUHE NACH DEM KNETEN

Wie auf S. 73 (Schritt 19–21) beschrieben 30 Minuten gehen lassen.

AUFARBEITUNG

Den Teig zuerst rund und dann zu einem Wecken formen, mit dem Schluss nach oben in den bemehlten 1-kg-Gärkorb legen (siehe S. 101–102, Schritt 1–6).

STÜCKGARE & VORHEIZEN

Zugedeckt etwa 45–60 Minuten gehen lassen (ohne Hefe etwa 2 ½–3 Stunden) und den Backofen auf 280 °C (bzw. auf Maximaltemperatur) vorheizen (siehe S. 77–78, Schritt 34–36).

GARPROBE & AUSFERTIGEN VOR DEM BACKEN

Nach der Garprobe (optimal: ⅔-Gare, siehe S. 54 bzw. S. 78, Schritt 37) den Wecken aus dem Gärkorb stürzen, mit einem scharfen Teigmesser drei- bis viermal schräg einschneiden (siehe S. 103, Schritt 7–9) und einschießen (siehe S. 80, Schritt 41).

BACKEN

Wie auf S. 80 (Schritt 42) beschrieben Schwaden nach 2 Minuten abziehen lassen (Backofentür öffnen), Temperatur auf 200 °C reduzieren.

BACKZEIT

55 Minuten (bei 1 kg Brot) backen, dann herausnehmen und auskühlen lassen (S. 80, Schritt 43–44).

BACKTEMPERATUR
280 °C fallend auf 200 °C

ROGGEN-DINKEL-WECKEN

(1 kg)

ANFRISCHEN

10 g Anstellgut aus dem Kühlschrank (alter Sauerteig)
60 g Wasser (35–40 °C)
60 g Roggenmehl Type 960
ergibt 130 g Roggensauerteig

Vermischen und reifen lassen (siehe S. 67–69, Schritt 1–7). Reifezeit: ca. 16–18 Stunden bei Raumtemperatur.

HAUPTTEIG

440 g Wasser (ca. 40 °C)
6 g frische Hefe (nach Wunsch)
130 g Roggensauerteig

Mit einem Schneebesen verrühren (siehe S. 70–71, Schritt 9–13).

310 g Roggenmehl Type 960
300 g Dinkelmehl Type 700
15 g Salz
10 g Schweineschmalz oder Speiseöl
6 g Brotgewürz (Kümmel, Fenchel, Anis)

Restliche Zutaten zum Roggensauerteiggemisch geben und verkneten (wie auf S. 71–72, Schritt 14–18, beschrieben).

KNETZEIT

5 Minuten langsam (gesamt 5 Minuten).

TEIGRUHE NACH DEM KNETEN

Wie auf S. 73 (Schritt 19–21) beschrieben 30 Minuten gehen lassen.

AUFARBEITUNG

Den Teig zuerst rund und dann zu einem Wecken formen, mit dem Schluss nach oben in den bemehlten 1-kg-Gärkorb legen (siehe S. 101–102, Schritt 1–6).

STÜCKGARE & VORHEIZEN

Zugedeckt etwa 45 Minuten gehen lassen (ohne Hefe etwa 2 ½–3 Stunden), den Backofen auf 280 °C (bzw. auf Maximaltemperatur) vorheizen (siehe S. 77–78, Schritt 34–36).

GARPROBE & AUSFERTIGEN VOR DEM BACKEN

Nach der Garprobe (optimal: ⅔-Gare, siehe S. 54 bzw. S. 78, Schritt 37) den Wecken aus dem Gärkorb stürzen, mit einem scharfen Teigmesser drei- bis viermal schräg einschneiden (siehe S. 103, Schritt 7–9) und einschießen (siehe S. 80, Schritt 41).

BACKEN

Schwaden nach 3–5 Minuten abziehen lassen (Backofentür öffnen), Temperatur auf 200 °C reduzieren (siehe S. 80, Schritt 42).

BACKZEIT

55 Minuten (bei 1 kg Brot) backen, dann herausnehmen und auskühlen lassen (S. 80, Schritt 43–44).

BACKTEMPERATUR
280 °C fallend auf 200 °C

REINES ROGGENBROT

(1 kg)

ANFRISCHEN

20 g Anstellgut aus dem Kühlschrank (alter Sauerteig)
180 g Wasser (35–40 °C)
180 g Roggenmehl Type 960
ergibt 380 g Roggensauerteig

Vermischen und reifen lassen (siehe S. 67–69, Schritt 1–7). Reifezeit: ca. 16–18 Stunden bei Raumtemperatur.

HAUPTTEIG

310 g Wasser (ca. 40 °C)
6 g frische Hefe (nach Wunsch)
380 g Roggensauerteig

Mit einem Schneebesen verrühren (siehe S. 70–71, Schritt 9–13).

460 g Roggenmehl Type 960
16 g Salz
10 g Schweineschmalz oder Speiseöl

Restliche Zutaten zum Roggensauerteiggemisch geben und verkneten (wie auf S. 71–72, Schritt 14–18, beschrieben).

KNETZEIT

5 Minuten langsam (gesamt 5 Minuten).

TEIGRUHE NACH DEM KNETEN

Wie auf S. 73 (Schritt 19–21) beschrieben 30 Minuten gehen lassen.

AUFARBEITUNG

Den Teig zuerst rund und dann zu einem Wecken formen, mit dem Schluss nach unten in den bemehlten 1-kg-Gärkorb legen (siehe S. 101–102, Schritt 1–6), die Oberfläche mit reichlich Roggenmehl bestauben.

STÜCKGARE & VORHEIZEN

Zugedeckt etwa 45 Minuten gehen lassen (ohne Hefe etwa 2 Stunden) und den Backofen auf 280 °C (bzw. auf Maximaltemperatur) vorheizen (siehe S. 77–78, Schritt 34–36).

GARPROBE & AUSFERTIGEN VOR DEM BACKEN

Nach der Garprobe (optimal: ⅔-Gare, siehe S. 54 bzw. S. 78, Schritt 37) den Wecken aus dem Gärkorb schupfen und einschießen (siehe S. 80, Schritt 41).

BACKEN

Wie auf S. 80 (Schritt 42) beschrieben Schwaden nach 3–5 Minuten abziehen lassen (Backofentür öffnen), Temperatur auf 200 °C reduzieren.

BACKZEIT

55 Minuten (bei 1 kg Brot) backen, dann herausnehmen und auskühlen lassen (S. 80, Schritt 43–44).

BACKTEMPERATUR
280 °C fallend auf 200 °C

* Fenchelsamen vor Verwendung kurz in einer Pfanne ohne Öl anrösten.

STEINPLATTENBROT

(1 kg)

ANFRISCHEN

10 g Anstellgut aus dem Kühlschrank (alter Sauerteig)
90 g Wasser (35–40 °C)
90 g Roggenmehl Type 960
ergibt 190 g Roggensauerteig

Vermischen und reifen lassen (siehe S. 67–69, Schritt 1–7). Reifezeit: ca. 16–18 Stunden bei Raumtemperatur.

HAUPTTEIG

420 g Wasser (ca. 40 °C)
6 g frische Hefe (nach Wunsch)
190 g Roggensauerteig

Mit einem Schneebesen verrühren (siehe S. 70–71, Schritt 9–13).

380 g Roggenmehl Type 960
60 g Roggenmehl Type 2500
120 g Weizenbrotmehl Type 1600
16 g Salz
12 g Schweineschmalz oder Speiseöl
*4 g Fenchelsamen**

Restliche Zutaten zum Roggensauerteiggemisch geben und verkneten (wie auf S. 71–72, Schritt 14–18, beschrieben).

KNETZEIT

5 Minuten langsam (gesamt 5 Minuten).

TEIGRUHE NACH DEM KNETEN

Wie auf S. 73 (Schritt 19–21) beschrieben 30 Minuten gehen lassen.

AUFARBEITUNG

Den Teig zuerst rund und dann zu einem Wecken formen, mit dem Schluss nach unten in den bemehlten 1-kg-Gärkorb legen (siehe S. 101–102, Schritt 1–6).

STÜCKGARE & VORHEIZEN

Zugedeckt etwa 45 Minuten gehen lassen (ohne Hefe etwa 2 ½–3 Stunden) und den Backofen auf 280 °C (bzw. auf Maximaltemperatur) vorheizen (siehe S. 77–78, Schritt 34–36).

GARPROBE & AUSFERTIGEN VOR DEM BACKEN

Nach der Garprobe (optimal: ⅔-Gare, siehe S. 54 bzw. S. 78, Schritt 37) den Wecken aus dem Gärkorb stürzen (Schluss oben!) und einschießen (siehe S. 80, Schritt 41).

BACKEN

Wie auf S. 80 (Schritt 42) beschrieben Schwaden nach 3–5 Minuten abziehen lassen (Backofentür öffnen), Temperatur auf 200 °C reduzieren.

BACKZEIT

55 Minuten (bei 1 kg Brot) backen, dann herausnehmen und auskühlen lassen (S. 80, Schritt 43–44).

BACKTEMPERATUR
280 °C fallend auf 200 °C

ÖLSAATENBROT (1 kg)

ANFRISCHEN

10 g Anstellgut aus dem Kühlschrank (alter Sauerteig)
95 g Wasser (35–40 °C)
95 g Roggenmehl Type 960
ergibt 200 g Roggensauerteig

Vermischen und reifen lassen (siehe S. 67–69, Schritt 1–7). Reifezeit: ca. 16–18 Stunden bei Raumtemperatur.

QUELLSTÜCK

120 g Wasser (ca. 40 °C)
35 g Sonnenblumenkerne
35 g Sesam
35 g Leinsamen
ergibt 225 g Quellstück

Alle Zutaten für das Quellstück vermengen und mindestens 3 Stunden ziehen lassen.

HAUPTTEIG

280 g Wasser (ca. 40 °C)
6 g frische Hefe (nach Wunsch)
200 g Roggensauerteig

Mit einem Schneebesen verrühren (siehe S. 70–71, Schritt 9–13).

225 g Quellstück
300 g Roggenmehl Type 960
50 g Roggenmehl Type 2500
130 g Weizenbrotmehl Type 1600
15 g Salz
15 g Schweineschmalz oder Speiseöl

Restliche Zutaten zum Roggensauerteiggemisch geben und verkneten (wie auf S. 71–72, Schritt 14–18, beschrieben).

KNETZEIT

5 Minuten langsam (gesamt 5 Minuten).

TEIGRUHE NACH DEM KNETEN

Wie auf S. 73 (Schritt 19–21) beschrieben 30 Minuten gehen lassen.

AUFARBEITUNG

Den Teig zuerst rund und dann zu einem Wecken formen (siehe S. 101, Schritt 1–4), mit Wasser bestreichen und in einer Körnermischung aus 20 g Sesam, 20 g Leinsamen und 20 g Sonnenblumenkernen wälzen, mit dem Schluss nach unten in den bemehlten 1-kg-Gärkorb legen.

STÜCKGARE & VORHEIZEN

Zugedeckt etwa 45 Minuten gehen lassen (ohne Hefe etwa 2 ½ Stunden), den Backofen auf 280 °C (bzw. auf Maximaltemperatur) vorheizen (siehe S. 77–78, Schritt 34–36).

GARPROBE & AUSFERTIGEN VOR DEM BACKEN

Nach der Garprobe (siehe S. 54 bzw. S. 78, Schritt 37) den Wecken aus dem Gärkorb schupfen (Schluss nach unten), dreimal schräg einschneiden und einschießen (S. 80, Schritt 41).

BACKEN

Schwaden nach 3 Minuten abziehen lassen (Backofentür öffnen), Temperatur auf 200 °C reduzieren (siehe S. 80, Schritt 42).

BACKZEIT

55 Minuten (bei 1 kg Brot) backen, dann herausnehmen und auskühlen lassen (S. 80, Schritt 43–44).

BACKTEMPERATUR
280 °C fallend auf 200 °C

KÜRBISKERNWANDL (1 kg)

ANFRISCHEN

10 g Anstellgut aus dem Kühlschrank (alter Sauerteig)
40 g Wasser (35–40 °C)
40 g Roggenmehl Type 960
ergibt 90 g Roggensauerteig

Vermischen und reifen lassen (siehe S. 67–69, Schritt 1–7). Reifezeit: ca. 16–18 Stunden bei Raumtemperatur.

HAUPTTEIG

380 g Wasser (ca. 40 °C)
6 g frische Hefe (nach Wunsch)
90 g Roggensauerteig

Mit einem Schneebesen verrühren (siehe S. 70–71, Schritt 9–13).

220 g Roggenmehl Type 960
300 g Dinkelmehl Type 700
15 g Salz
15 g Schweineschmalz oder Speiseöl
6 g Brotgewürz (Kümmel, Fenchel, Koriander)
120 g Kürbiskerne

Restliche Zutaten zum Roggensauerteiggemisch geben und verkneten (wie auf S. 71–72, Schritt 14–18, beschrieben).

KNETZEIT

5 Minuten langsam (gesamt 5 Minuten).

TEIGRUHE NACH DEM KNETEN

Wie auf S. 73 (Schritt 19–21) beschrieben 30 Minuten gehen lassen.

AUFARBEITUNG

Den Teig zuerst rund und dann zu einem Wecken formen (siehe S. 101, Schritt 1–4), Oberfläche gut mit Wasser befeuchten, in ca. 50–80 g Kürbiskernen wälzen und mit dem Schluss nach unten in die Kastenform legen.

STÜCKGARE & VORHEIZEN

Zugedeckt etwa 45–60 Minuten gehen lassen (ohne Hefe etwa 2 ½–3 Stunden) und den Backofen auf 280 °C (bzw. auf Maximaltemperatur) vorheizen (siehe S. 77–78, Schritt 34–36).

GARPROBE & AUSFERTIGEN VOR DEM BACKEN

Nach erfolgreicher Garprobe (siehe S. 54 bzw. S. 78, Schritt 37) die Kastenbackform auf den Küchenrost (mittlere Schiene) des Backofens stellen.

BACKEN

Wie auf S. 80 (Schritt 42) beschrieben Schwaden nach 2 Minuten abziehen lassen (Backofentür öffnen), Temperatur auf 200 °C reduzieren.

BACKZEIT

55 Minuten (bei 1 kg Brot) backen, dann herausnehmen, Brot aus der Kastenform nehmen und auf einem Küchenrost auskühlen lassen.

BACKTEMPERATUR
280 °C fallend auf 200 °C

Die Kastenbrotformen können zum Backen auch auf den vorgeheizten Pizzastein gestellt werden.

ROGGENSCHROT-KASTENBROT (1 kg)

ANFRISCHEN

10 g Anstellgut aus dem Kühlschrank (alter Sauerteig)
50 g Wasser (35–40 °C)
50 g Roggenmehl Type 960
ergibt 110 g Roggensauerteig

Vermischen und reifen lassen (siehe S. 67–69, Schritt 1–7). Reifezeit: ca. 16–18 Stunden bei Raumtemperatur.

QUELLSTÜCK

125 g Wasser 40 °C
125 g Roggenschrot grob
ergibt 250 g Quellstück

Alle Zutaten vermengen und mindestens 3 Stunden ziehen lassen.

HAUPTTEIG

310 g Wasser (ca. 40 °C)
6 g frische Hefe (nach Wunsch)
110 g Roggensauerteig

Mit einem Schneebesen verrühren (siehe S. 70–71, Schritt 9–13).

250 g Quellstück
150 g Roggenmehl Type 960
50 g Roggenmehl Type 2500
310 g Weizenbrotmehl Type 1600
15 g Salz
15 g Schweineschmalz oder Speiseöl
8 g Koriander gemahlen

Restliche Zutaten zum Roggensauerteiggemisch geben und verkneten (wie auf S. 71–72, Schritt 14–18, beschrieben).

KNETZEIT

5 Minuten langsam (gesamt 5 Minuten).

TEIGRUHE NACH DEM KNETEN

Wie auf S. 73 (Schritt 19–21) beschrieben 30 Minuten gehen lassen.

AUFARBEITUNG

Den Teig zuerst rund und dann zu einem Wecken formen (siehe S. 101, Schritt 1–4), die Oberfläche gut mit Wasser befeuchten, in 50–80 g Roggenschrot wälzen und mit dem Schluss nach unten in die Kastenform legen.

STÜCKGARE & VORHEIZEN

Zugedeckt etwa 45 Minuten gehen lassen (ohne Hefe etwa 2 ½–3 Stunden) und den Backofen auf 280 °C (bzw. auf Maximaltemperatur) vorheizen (siehe S. 77–78, Schritt 34–36).

GARPROBE & AUSFERTIGEN VOR DEM BACKEN

Nach erfolgreicher Garprobe (siehe S. 54 bzw. S. 78, Schritt 37) die Kastenbackform auf den Küchenrost oder Pizzastein (mittlere Schiene) stellen.

BACKEN

Wie auf S. 80 (Schritt 42) beschrieben Schwaden nach 3–5 Minuten abziehen lassen (Backofentür öffnen), Temperatur auf 200 °C reduzieren.

BACKZEIT

55 Minuten (bei 1 kg Brot) backen, dann herausnehmen, Brot aus der Kastenform nehmen und auf einem Küchenrost auskühlen lassen.

BACKTEMPERATUR
280 °C fallend auf 200 °C

ROGGEN-DINKEL-KASTENBROTE

(2 Stück à 500 g)

ANFRISCHEN

10 g Anstellgut aus dem Kühlschrank (alter Sauerteig)
100 g Wasser (35–40 °C)
100 g Roggenmehl Type 960
ergibt 210 g Roggensauerteig

Vermischen und reifen lassen (siehe S. 67–69, Schritt 1–7).
Reifezeit: ca. 16–18 Stunden bei Raumtemperatur.

HAUPTTEIG

360 g Wasser (ca. 40 °C)
6 g frische Hefe (nach Wunsch)
210 g Roggensauerteig

Mit einem Schneebesen verrühren (siehe S. 70–71, Schritt 9–13).

280 g Roggenmehl Type 960
35 g Roggenmehl Type 2500
170 g Dinkelvollkornmehl
15 g Salz
15 g Schweineschmalz oder Speiseöl
35 g Sonnenblumenkerne
8 g Brotgewürz (Kümmel, Fenchel, Koriander)

Restliche Zutaten zum Roggensauerteiggemisch geben und verkneten (wie auf S. 71–72, Schritt 14–18, beschrieben).

KNETZEIT

5 Minuten langsam (gesamt 5 Minuten).

TEIGRUHE NACH DEM KNETEN

Wie auf S. 73 (Schritt 19–21) beschrieben 30 Minuten gehen lassen.

AUFARBEITUNG (2 KASTENFORMEN À 500 G)

Den Teig halbieren, die Teighälften jeweils zuerst rund und dann zu Wecken formen (siehe S. 101, Schritt 1–4), die Oberflächen mit reichlich Roggenmehl bemehlen und die Teiglinge mit dem Schluss nach oben in die Kastenformen legen, falls gewünscht, Sonnenblumenkerne darüberstreuen.

STÜCKGARE & VORHEIZEN

Zugedeckt etwa 45 Minuten gehen lassen (ohne Hefe etwa 2 ½–3 Stunden) und den Backofen auf 280 °C (bzw. auf Maximaltemperatur) vorheizen (siehe S. 77–78, Schritt 34–36).

GARPROBE & AUSFERTIGEN VOR DEM BACKEN

Nach erfolgreicher Garprobe (siehe S. 54 bzw. S. 78, Schritt 37) die Kastenbackformen auf den Küchenrost oder Pizzastein (mittlere Schiene) stellen.

BACKEN

Wie auf S. 80 (Schritt 42) beschrieben Schwaden nach 3–5 Minuten abziehen lassen (Backofentür öffnen), Temperatur auf 200 °C reduzieren.

BACKZEIT

40 Minuten (bei 500-g-Broten) backen, dann herausnehmen, Brote aus den Kastenformen nehmen und auf einem Küchenrost auskühlen lassen.

BACKTEMPERATUR
280 °C fallend auf 200 °C

GEWÜRZ-KASTENBROTE

(2 Stück à 500 g)

ANFRISCHEN

10 g Anstellgut aus dem Kühlschrank (alter Sauerteig)
95 g Wasser (35–40 °C)
95 g Roggenmehl Type 960
ergibt 200 g Roggensauerteig

Vermischen und reifen lassen (siehe S. 67–69, Schritt 1–7).
Reifezeit: ca. 16–18 Stunden bei Raumtemperatur.

HAUPTTEIG

380 g Wasser (ca. 40 °C)
6 g frische Hefe (nach Wunsch)
200 g Roggensauerteig

Mit einem Schneebesen verrühren (siehe S. 70–71, Schritt 9–13).

250 g Roggenmehl Type 960
50 g Roggenmehl Type 2500
210 g Weizenbrotmehl Type 1600
15 g Salz
15 g Schweineschmalz oder Speiseöl
25 g Brotgewürz (Kümmel, Fenchel, Koriander)

Restliche Zutaten zum Roggensauerteiggemisch geben und verkneten (wie auf S. 71–72, Schritt 14–18, beschrieben).

KNETZEIT

5 Minuten langsam (gesamt 5 Minuten).

TEIGRUHE NACH DEM KNETEN

Wie auf S. 73 (Schritt 19–21) beschrieben 30 Minuten gehen lassen.

AUFARBEITUNG (2 KASTENFORMEN À 500 G)

Den Teig halbieren, die Teighälften jeweils zuerst rund und dann zu Wecken formen (siehe S. 101, Schritt 1–4), mit dem Schluss nach unten in die Kastenformen legen, die Oberflächen mit reichlich Roggenmehl bemehlen.

STÜCKGARE & VORHEIZEN

Zugedeckt etwa 45 Minuten gehen lassen (ohne Hefe etwa 3 Stunden) und den Backofen auf 280 °C (bzw. auf Maximaltemperatur) vorheizen (siehe S. 77–78, Schritt 34–36).

GARPROBE & AUSFERTIGEN VOR DEM BACKEN

Nach erfolgreicher Garprobe (siehe S. 54 bzw. S. 78, Schritt 37) die Kastenbackformen auf den Küchenrost oder Pizzastein (mittlere Schiene) stellen.

BACKEN

Wie auf S. 80 (Schritt 42) beschrieben Schwaden nach 3–5 Minuten abziehen lassen (Backofentür öffnen), Temperatur auf 200 °C reduzieren.

BACKZEIT

40 Minuten (bei 500-g-Broten) backen, dann herausnehmen, Brote aus den Kastenformen nehmen und auf einem Küchenrost auskühlen lassen.

BACKTEMPERATUR
280 °C fallend auf 200 °C

Kleingebäck AUS ROGGENSAUERTEIG

GRUNDSÄTZLICH KÖNNEN SIE AUS JEDEM TEIG BELIEBIG GEFORMTE KLEINE GEBÄCKSTÜCKE MACHEN. OB SIE SICH FÜR LÄNGLICHE, RUNDE ODER ECKIGE WECKERLN, VERSCHIEDENE STANGERLN ODER SONSTIGE FORMEN WIE Z. B. GEDREHTE ODER AUCH GEFLOCHTENE TEILCHEN ENTSCHEIDEN, BLEIBT IHRER FANTASIE UND IHREN PERSÖNLICHEN VORLIEBEN ÜBERLASSEN.

RUNDE BZW. VIERECKIGE WECKERLN MIT BESTREUUNG

1. Die Arbeitsfläche gut mit Roggenmehl bemehlen und die abgewogenen Teiglinge in der Hand locker rund formen.

2. Die Teiglinge mit der Naht nach unten auf die Arbeitsfläche legen und kräftig mit Wasser besprühen.

3. Die gewünschten Körner oder Saaten in eine Schüssel geben, die feuchte Oberfläche darin wälzen (durch das vorherige Einsprühen mit Wasser bleiben die Körner besser haften; wenn man das Gebäck nicht in Körnern oder Saaten wälzen will, kann es ebenfalls besprüht werden, es ist aber nicht unbedingt nötig).

4. Die Teiglinge mit der Hand etwas flach drücken, dann sind die runden Weckerln fertig.

Runde oder viereckige Laibchen sind selbst für Backanfänger ganz einfach zu formen. Wenn Sie Ihre Gebäckstücke anders formen wollen, finden Sie auf meiner Homepage zahlreiche Anleitungsvideos (www.derbackprofi.at/alles-rund-ums-backen/backvideos).

5 Für viereckige Weckerln die Teiglinge mit zwei Teigkarten quadratisch formen (dies kann ruhig mit etwas Druck erfolgen). Das Kleingebäck auf ein mit Backpapier belegtes Backblech legen, ev. ganz leicht besprühen (auch zwischendurch) und bei Raumtemperatur mit Bäckerleinen zugedeckt rasten lassen, den Backofen wie im Rezept angegeben vorheizen.

6 Das Backblech in den Backofen geben (mittlere Schiene; die Temperatur wird bei Kleingebäck im Gegensatz zu Broten nicht reduziert). Wie auf S. 59 beschrieben wird auch Kleingebäck zu Beginn der Backphase mit Dampf (Schwaden) gebacken. Eventuell nach zwei Drittel der Backzeit das Blech umdrehen, falls der Backofen hinten und vorne unterschiedlich bäckt.

WURZELSTANGERLN

1 Die Arbeitsfläche gut mit Roggenmehl bemehlen, die Teigstücke abwiegen und die Hände nochmals in Roggenmehl tauchen, ein Teigstück in die rechte Hand nehmen.

2 Mit leichtem Druck in der linken Handfläche das Teigstück rund formen.

3 Die Teiglinge mit der Naht nach oben auf die Arbeitsfläche legen.

Viele weitere Ideen und Anleitungen für anders geformte Kleingebäcke finden Sie in meinen Büchern „Kleingebäck vom Ofner" und „Pikantes Gebäck vom Ofner".

4 Anschließend die Teiglinge mit der Handfläche zu länglichen Stangerln formen.

5 Diese nach dem Formen gut in Roggenmehl wälzen.

6 Danach die Stangerln wurzelförmig krümmen und auf das Backblech legen, zugedeckt gehen lassen und im vorgeheizten Backofen wie im Rezept beschrieben backen.

EINGEDREHTE STANGERLN

1 Für eingedrehte Stangerln wie bei den Wurzelstangerln beschrieben (S. 131, Arbeitsschritte 1–3) vorgehen, die runden Teiglinge zu Stangerln rollen und dabei kräftig in Roggenmehl wälzen.

2 Das längliche Teigstück an beiden Enden mit den Fingern fassen.

3 Anschließend die beiden Enden in entgegengesetzte Richtung eindrehen, bis die Drehungen schön erkennbar sind (ähnlich wie eine Kordel).

BROTWURZ'N

(10 Stück à 120 g)

ANFRISCHEN

10 g Anstellgut aus dem Kühlschrank (alter Sauerteig)
60 g Wasser (35–40 °C)
60 g Roggenmehl Type 960
ergibt 130 g Roggensauerteig

Vermischen und reifen lassen (siehe S. 67–69, Schritt 1–7). Reifezeit: ca. 16–18 Stunden bei Raumtemperatur.

HAUPTTEIG

420 g Wasser (ca. 40 °C)
6 g frische Hefe (nach Wunsch)
130 g Roggensauerteig

Mit einem Schneebesen verrühren (siehe S. 70–71, Schritt 9–13).

310 g Roggenmehl Type 960
300 g Weizenbrotmehl Type 1600
15 g Salz
10 g Schweineschmalz oder Speiseöl

Restliche Zutaten zum Roggensauerteiggemisch geben und verkneten (wie auf S. 71–72, Schritt 14–18, beschrieben).

KNETZEIT

5 Minuten langsam, 1 Minute intensiver (gesamt 6 Minuten).

TEIGRUHE NACH DEM KNETEN

Wie auf S. 73 (Schritt 19–21) beschrieben 30 Minuten gehen lassen.

AUFARBEITUNG

Teigstücke zu je 120 g auswiegen, locker rund und dann länglich formen, in Roggenmehl wälzen und wurzelförmig auf das Backblech legen (siehe S. 131–132, Schritt 1–6).

STÜCKGARE & VORHEIZEN

Die Teiglinge etwa 45 Minuten zugedeckt gehen lassen (ohne Hefe etwa 2 ½ Stunden), den Backofen auf 230 °C vorheizen.

BACKEN

Nach der Garprobe (optimal: ⅔-Gare, siehe S. 54) das Backblech in den Backofen schieben (mittlere Schiene), die Schwaden nach 2–3 Minuten abziehen lassen (Backofentür öffnen).

BACKZEIT

24 Minuten backen, dann herausnehmen und auf einem Küchenrost auskühlen lassen.

BACKTEMPERATUR
230 °C durchgehend

Die Stückgare richtet sich danach, ob Sie dem Teig die in den Rezepten angegebene Menge frische Hefe beimengen oder nicht. Mit Hefe reift der Teig schneller, ohne dauert die Stückgare länger. Bitte immer eine Garprobe machen, weil auch die Raumtemperatur die Reifezeit beeinflusst.

BUTTERMILCHLAIBCHEN
(12 Stück à 80 g)

ANFRISCHEN

10 g Anstellgut aus dem Kühlschrank (alter Sauerteig)
45 g Wasser (35–40 °C)
45 g Roggenmehl Type 960
ergibt 100 g Roggensauerteig

Vermischen und reifen lassen (siehe S. 67–69, Schritt 1–7).
Reifezeit: ca. 16–18 Stunden bei Raumtemperatur.

HAUPTTEIG

260 g Wasser (ca. 40 °C)
120 g Buttermilch (handwarm)
5 g frische Hefe (nach Wunsch)
100 g Roggensauerteig

Mit einem Schneebesen verrühren (siehe S. 70–71, Schritt 9–13).

240 g Roggenmehl Type 960
240 g Weizenbrotmehl Type 1600
12 g Salz

Restliche Zutaten zum Roggensauerteiggemisch geben und verkneten (wie auf S. 71–72, Schritt 14–18, beschrieben).

KNETZEIT

5 Minuten langsam, 1 Minute intensiver (gesamt 6 Minuten).

TEIGRUHE NACH DEM KNETEN

Wie auf S. 73 (Schritt 19–21) beschrieben 30 Minuten gehen lassen.

AUFARBEITUNG

Teigstücke zu je 80 g auswiegen, rund formen (siehe S. 131, Schritt 1–3), mit dem Schluss nach oben in Roggenmehl wälzen und auf das Backblech legen.

STÜCKGARE & VORHEIZEN

Die Teiglinge etwa 45 Minuten zugedeckt gehen lassen (ohne Hefe etwa 2 Stunden), den Backofen auf 230 °C vorheizen.

BACKEN

Nach der Garprobe (optimal: ⅔-Gare, siehe S. 54) das Backblech in den Backofen schieben (mittlere Schiene), die Schwaden nach 2–3 Minuten abziehen lassen (Backofentür öffnen).

BACKZEIT

22 Minuten backen, dann herausnehmen und auf einem Küchenrost auskühlen lassen.

BACKTEMPERATUR
230 °C durchgehend

Probieren Sie bei diesem Gebäck zur Abwechslung einmal Joghurt statt Buttermilch, auch diese Variante ist geschmacklich absolut top!

KÜRBISKERNWECKERLN

(12 Stück à 80 g)

ANFRISCHEN

6 g Anstellgut aus dem Kühlschrank (alter Sauerteig)
32 g Wasser (35–40 °C)
32 g Roggenmehl Type 960
ergibt 70 g Roggensauerteig

Vermischen und reifen lassen (siehe S. 67–69, Schritt 1–7).
Reifezeit: ca. 16–18 Stunden bei Raumtemperatur.

HAUPTTEIG

310 g Wasser (ca. 40 °C)
5 g frische Hefe (nach Wunsch)
70 g Roggensauerteig

Mit einem Schneebesen verrühren (siehe S. 70–71, Schritt 9–13).

170 g Roggenmehl Type 960
240 g Weizenbrotmehl Type 1600
12 g Salz
5 g Brotgewürz (Kümmel, Fenchel, Koriander)
15 g Kürbiskernöl
90 g geröstete Kürbiskerne

Restliche Zutaten zum Roggensauerteiggemisch geben und verkneten (wie auf S. 71–72, Schritt 14–18, beschrieben).

KNETZEIT

5 Minuten langsam, 1 Minute intensiver (gesamt 6 Minuten).

TEIGRUHE NACH DEM KNETEN

Wie auf S. 73 (Schritt 19–21) beschrieben 30 Minuten gehen lassen.

AUFARBEITUNG

Teigstücke zu je 80 g auswiegen, locker rund formen, mit Wasser besprühen und in Kürbiskernen* wälzen, mit 2 Teigkarten zu eckigen Weckerln formen (siehe S. 128–130, Schritt 1–5) und auf das Backblech legen.

STÜCKGARE & VORHEIZEN

Die Teiglinge etwa 45 Minuten zugedeckt gehen lassen (ohne Hefe etwa 2 Stunden), den Backofen auf 230 °C vorheizen.

BACKEN

Nach der Garprobe (optimal: ⅔-Gare, siehe S. 54) das Backblech in den Backofen schieben (mittlere Schiene), die Schwaden nach 2–3 Minuten abziehen lassen (Backofentür öffnen).

BACKZEIT

22 Minuten backen, dann herausnehmen und auf einem Küchenrost auskühlen lassen.

BACKTEMPERATUR
230 °C durchgehend

* Zum Wälzen benötigen Sie 50–80 g Kürbiskerne

SPECKWECKERLN
(12 Stück à 80 g)

ANFRISCHEN
4 g Anstellgut aus dem Kühlschrank (alter Sauerteig)
38 g Wasser (35–40 °C)
38 g Roggenmehl Type 960
ergibt 80 g Roggensauerteig

Vermischen und reifen lassen (siehe S. 67–69, Schritt 1–7). Reifezeit: ca. 16–18 Stunden bei Raumtemperatur.

HAUPTTEIG
320 g Wasser (ca. 40 °C)
5 g frische Hefe (nach Wunsch)
80 g Roggensauerteig

Mit einem Schneebesen verrühren (siehe S. 70–71, Schritt 9–13).

290 g Roggenmehl Type 960
140 g Weizenbrotmehl Type 1600
12 g Salz
10 g Schweineschmalz oder Speiseöl
150 g Speckwürfel (erst am Ende des Knetvorgangs langsam unterheben)

Restliche Zutaten zum Roggensauerteiggemisch geben und verkneten (wie auf S. 71–72, Schritt 14–18, beschrieben).

KNETZEIT
5 Minuten langsam,
1 Minute Speck unterheben (gesamt 6 Minuten).

TEIGRUHE NACH DEM KNETEN
Wie auf S. 73 (Schritt 19–21) beschrieben 30 Minuten gehen lassen.

AUFARBEITUNG
Teigstücke zu je 80 g auswiegen, locker rund formen (siehe S. 128, Schritt 1), in Roggenmehl wälzen, mit 2 Teigkarten zu eckigen Weckerln formen (siehe S. 130, Schritt 5) und auf das Backblech legen.

STÜCKGARE & VORHEIZEN
Die Teiglinge etwa 45 Minuten zugedeckt gehen lassen (ohne Hefe etwa 2 Stunden), den Backofen auf 230 °C vorheizen.

AUSFERTIGEN VOR DEM BACKEN
Einen Backpinsel in Wasser tauchen, damit in der Mitte der Weckerln einen Streifen aufpinseln und diesen mit ca. 70 g grobem Salz und/oder Kümmel bestreuen.

BACKEN
Nach der Garprobe (optimal: ⅔-Gare, siehe S. 54) das Backblech in den Backofen schieben (mittlere Schiene), die Schwaden nach 2 Minuten abziehen lassen (Backofentür öffnen).

BACKZEIT
22 Minuten backen, dann herausnehmen und auf einem Küchenrost auskühlen lassen.

BACKTEMPERATUR
230 °C durchgehend

SONNENBLUMENWECKERLN

(12 Stück à 80 g)

ANFRISCHEN

12 g Anstellgut aus dem Kühlschrank (alter Sauerteig)
64 g Wasser (35–40 °C)
64 g Roggenmehl Type 960
ergibt 140 g Roggensauerteig

Vermischen und reifen lassen (siehe S. 67–69, Schritt 1–7). Reifezeit: ca. 16–18 Stunden bei Raumtemperatur.

HAUPTTEIG

320 g Wasser (ca. 40 °C)
5 g frische Hefe (nach Wunsch)
140 g Roggensauerteig

Mit einem Schneebesen verrühren (siehe S. 70–71, Schritt 9–13).

250 g Roggenmehl Type 960
165 g Weizenbrotmehl Type 1600
12 g Salz
5 g Schweineschmalz oder Speiseöl
5 g Brotgewürz (Kümmel, Fenchel, Koriander)
90 g geröstete Sonnenblumenkerne

Restliche Zutaten zum Roggensauerteiggemisch geben und verkneten (wie auf S. 71–72, Schritt 14–18, beschrieben).

KNETZEIT

5 Minuten langsam, 1 Minute intensiver (gesamt 6 Minuten).

TEIGRUHE NACH DEM KNETEN

Wie auf S. 73 (Schritt 19–21) beschrieben 30 Minuten gehen lassen.

AUFARBEITUNG

Teigstücke zu je 80 g auswiegen, locker rund formen, mit Wasser besprühen und in Sonnenblumenkernen* wälzen, mit 2 Teigkarten zu eckigen Weckerln formen (siehe S. 128–130, Schritt 1–5) und auf das Backblech legen.

STÜCKGARE & VORHEIZEN

Die Teiglinge etwa 45 Minuten zugedeckt gehen lassen (ohne Hefe etwa 3 Stunden), den Backofen auf 230 °C vorheizen.

BACKEN

Nach der Garprobe (optimal: ⅔-Gare, siehe S. 54) das Backblech in den Backofen schieben (mittlere Schiene), die Schwaden nach 2 Minuten abziehen lassen (Backofentür öffnen).

BACKZEIT

22 Minuten backen, dann herausnehmen und auf einem Küchenrost auskühlen lassen.

BACKTEMPERATUR
230 °C durchgehend

* Zum Wälzen benötigen Sie etwa 50–80 g Sonnenblumenkerne.

ROGGEN-SESAM-KRUSTEN-LAIBCHEN

(12 Stück à 80 g)

ANFRISCHEN

20 g Anstellgut aus dem Kühlschrank (alter Sauerteig)
150 g Wasser (35–40 °C)
150 g Roggenmehl Type 960
ergibt 320 g Roggensauerteig

Vermischen und reifen lassen (siehe S. 67–69, Schritt 1–7).
Reifezeit: ca. 16–18 Stunden bei Raumtemperatur.

HAUPTTEIG

260 g Wasser (ca. 40 °C)
5 g frische Hefe (nach Wunsch)
320 g Roggensauerteig

Mit einem Schneebesen verrühren (siehe S. 70–71, Schritt 9–13).

390 g Roggenmehl Type 960
14 g Salz
10 g Schweineschmalz oder Speiseöl
5 g Brotgewürz (Kümmel, Fenchel, Koriander)

Restliche Zutaten zum Roggensauerteiggemisch geben und verkneten (wie auf S. 71–72, Schritt 14–18, beschrieben).

KNETZEIT

5 Minuten langsam (gesamt 5 Minuten).

TEIGRUHE NACH DEM KNETEN

Wie auf S. 73 (Schritt 19–21) beschrieben 30 Minuten gehen lassen.

AUFARBEITUNG

Teigstücke zu je 80 g auswiegen, locker rund formen, mit Wasser besprühen, in Sesam* wälzen (siehe S. 128–129, Schritt 1–4) und auf das Backblech legen.

STÜCKGARE & VORHEIZEN

Die Teiglinge etwa 45 Minuten zugedeckt gehen lassen (ohne Hefe etwa 2 ½ Stunden), den Backofen auf 230 °C vorheizen

BACKEN

Nach der Garprobe (optimal: ⅔-Gare, siehe S. 54) das Backblech in den Backofen schieben (mittlere Schiene), die Schwaden nach 2 Minuten abziehen lassen (Backofentür öffnen).

BACKZEIT

22 Minuten backen, dann herausnehmen und auf einem Küchenrost auskühlen lassen.

BACKTEMPERATUR
230 °C durchgehend

* Zum Wälzen benötigen Sie etwa 50–80 g Sesam.

sogenannte Amylase, die die Kohlenhydrate des Mehls in immer kleinere Bausteine aufspaltet.

FEINHEITSGRAD
Der Feinheitsgrad beschreibt bei gemahlenen Produkten aus Getreide die Korngröße. Allerdings steht er in keinem Zusammenhang mit dem Ausmahlungsgrad eines Mehls. Folgende Korngrößen findet man bei den typischen Getreidemahlprodukten: Schrot: > 1000 µm; Grieß: 300–1000 µm; Dunst: 180–300 µm; Mehl: < 180 µm; Vollkornmehl: 80 % < 180 µm

FENSTERUNG
Damit sind feine Risse auf der Kruste gemeint, Fensterung ist ein Qualitätskriterium, vor allen bei Weißbrotarten.

FRUCHTSCHALE
Die äußere Kornschale wird als Fruchtschale bezeichnet. Sie ist besonders ballast- und mineralstoffreich. Im gesamten Getreidekorn liegt der Gewichtanteil der Fruchtschale bei nur 5–6 %. Die Fruchtschale weist einen Eiweißanteil von 7,5 % und einen Mineralstoffanteil von 5,5 % auf.

GÄRREIFE
Den idealen Reifezustand einer Backware nach der Stückgare nennt man auch Ofenreife oder Gärreife. Ist dieser Zustand erreicht, wird der Teigling für das Einschießen in den Ofen vorbereitet.

GÄRSTABILITÄT
Gärstabile Teige zeichnen sich durch die Eigenschaft aus, große Mengen des entstandenen Gases zu halten, ohne zu reißen. Die Teige sind sehr stabil, elastisch und dehnbar. Durch den Einsatz von Vorteigen kann die Gärstabilität des Teigs verbessert werden. Auch eine lange Teigführung und die Mehlqualität haben positiven Einfluss auf diese Teigeigenschaft.

GARE
Diese Begrifflichkeit bezeichnet die Geh- bzw. die Ruhezeit eines Teigs und definiert damit die Zeit zwischen der Teigbereitung und dem Backen. Unterschieden wird dabei zwischen Stockgare (Teigruhe), Zwischengare (Ballengare, z. B. bei Kleingebäck vor dem Formen) und Stückgare (Endgare).

GERSTL
Österreichische Bezeichnung für einen mit Roggenmehl trocken verriebenen Sauerteig.

GLUTEN
Gluten ist ein Eiweißkleber, der maßgeblich die Backeigenschaften von Mehl beeinflusst. Je höher der Glutenanteil in einem Mehl ist, desto mehr Wasser kann gebunden werden. Die Teigausbeute ist folglich höher. Beim Backen gibt das Gluten einen Teil des Wassers dann wieder ab. Bei Menschen mit entsprechender Veranlagung kann sich eine Unverträglichkeit gegenüber Gluten entwickeln. Diese ist unter dem Namen Zöliakie bekannt.

GLUTENANTEIL IN GETREIDE
Die häufig verwendeten Getreidesorten Weizen, Dinkel und Hartweizen enthalten besonders viel Gluten. Roggen, Hafer und Gerste haben hingegen einen niedrigen Anteil an Gluten. Schwankungen des Glutengehalts sind durch unterschiedliche Anbauregionen und Anbaubedingungen zu erklären. Glutenfreie Mehle haben andere Backeigenschaften als handelsübliche Weizen-, Dinkel- und Roggenmehle. Deshalb können Mengenangaben einzelner Zutaten von herkömmlichen Brotrezepten abweichen.

GRIESS
Grieß ist gemahlenes Getreide mit einer bestimmten Korngröße (300–1000 µm). Die Körner des Grießes definieren sich durch die rundliche bis kantige Form und ihre gelbliche Farbe. Beim Mahlen des Getreides entscheiden die Einstellungen der Mühle, ob das Korn zu Grieß oder Mehl verarbeitet wird.

GRUNDSAUER
Das Ergebnis der zweiten Stufe der dreistufigen Sauerteigführung nennt man Grundsauer. Das Vermengen des Anfrischsauers mit Mehlerzeugnissen und Wasser ist dabei Voraussetzung. Dieser Teig wird dann etwa 6–10 Stunden bei 23–28 °C zur Reife gestellt. Dabei werden Säure und Aroma ausgebildet. Auch bei anderen Sauerteigführungen findet man diesen Begriff.

HEFE
Die übliche Bäckerhefe besteht, wie alle Hefen, aus einzelligen Pilzen und gewinnt nötige Energie aus Zucker. Die hohe Triebkraft und der geringe Anteil glutenabbauender Enzyme macht aus der Hefe eine perfekte Zutat zum Backen. Hefe ist als Frisch- und Trockenhefe erhältlich, frische Hefe sollte aufgrund ihrer geringen Haltbarkeit schnell verarbeitet werden. Beim Brotbacken sollte der Anteil an Frischhefe eher gering sein, da die Hefe das Aroma des Brotes negativ beeinflussen kann.

INDIREKTE TEIGFÜHRUNG
Bei dieser Methode der Teigherstellung werden alle Zutaten in mehreren Arbeitsschritten verarbeitet, bevor letztlich der Hauptteig entsteht. Die Teigvorstufen, die durch Quell- und Gärungsvorgänge charakterisiert sind, werden zeitlich verlagert und am Ende in den Hauptteig eingearbeitet. Die indirekte Teigführung kann die Eigenschaften von Brotteig und dem fertig gebackenen Brot positiv verändern. So verbessert sich u. a. die Schnittfähigkeit der Krume und das Brot bleibt länger frisch. Allerdings ist die indirekte Teigführung auch zeitaufwendiger.

KERNTEMPERATUR
Anhand der Kerntemperatur kann festgestellt werden, wann ein Brotteig fertig gebacken ist. Bei fertig gebackenen Broten liegt diese Temperatur bei etwa 95–98 °C.

KRUME
Umgeben von der Kruste, bildet die Krume den lockeren Innenteil des Brotes. Die Krume ist verantwortlich für den Nährwert eines Brotes. Der Geschmack der Krume wird überwiegend von den Aromastoffen in der Brotkruste bestimmt, da diese nach dem Backen durch die gesamte Brotkrume ziehen. Andere Eigenschaften der Brotkrume, wie ihre Struktur und Elastizität, sind von den Zutaten sowie der Teigführung und -aufbereitung abhängig.

KRUSTE
Die Kruste umschließt das Brot zu allen Seiten und entsteht durch Wasserentzug und komplexe Vorgänge beim Backen des Brotes. Sie sollte bei frischem Brot und Gebäck immer gleichmäßig dick und rösch (knusprig) sein. Die Kruste dient als Schutzmantel der Krume, verhindert das Austrocknen derselben, verbessert die Stabilität des Brotlaibs bzw. Gebäckstücks und hält Schimmelpilze ab. Außerdem hat die Brotkruste entscheidenden Einfluss auf das Brotaroma.

LANGZEITFÜHRUNG
Eine lange Teigführung beeinflusst die Eigenschaften von Backwaren maßgeblich. So kann die Hefemenge bei der Teigherstellung auf bis zu ⅔ der ursprünglich angegebenen Menge re-

duziert werden. Die Teiglinge können außerdem bis zu 20 Stunden gelagert werden. Kühle sowie weiche Teigführungen sind möglich. Durch die lange Teigführung entwickelt sich der Teig optimal, da sich die Aromen vollkommen entfalten können. Vor allem bei Kleingebäck ist die Qualität der Backwaren mit Langzeitführung deutlich besser.

MEHLHALTBARKEIT
Da Mehl durch äußere Einflüsse schnell an Qualität verliert, sollte es immer dicht verschlossen, trocken, dunkel und kühl aufbewahrt werden. Die Backfähigkeit des Mehls verschlechtert sich bei hoher Luftfeuchtigkeit oder zu warmen Temperaturen. Aber auch der Fettgehalt des Mehls ist entscheidend für die Haltbarkeit. So werden Mehle mit hohem Ausmahlungsgrad wie Vollkornmehle und Vollkornschrote nach wenigen Wochen ranzig. In der Regel sollten allerdings alle Mehltypen, unabhängig vom Ausmahlungsgrad, zügig verbraucht werden, da sie nach ihrer Auslieferung die besten Backeigenschaften haben.

OFENTRIEB
Das Gebäckstück vergrößerte sein Volumen im Ofen, es geht noch auf.

RESTBROT, ALTBROT
Damit ist hygienisch einwandfreies Brot gemeint, das frischem Brotteig zugesetzt wird. Im Endprodukt darf das alte Brot nicht mehr erkennbar sein. In Österreich beträgt der Anteil an zugesetztem Restbrot für Brot bis zu 10 %. Die Zugabe von Restbrot verbessert die Teigausbeute und fördert damit die Frischhaltung und Bestreichbarkeit der Krume sowie einen feinen Brotgeschmack.

RÖSCHE
Ist eine Gebäckkruste richtig knusprig und hat einen hörbaren Biss, beschreibt man sie als rösch.
Diese Backwareneigenschaft ist bei den meisten Broten und Kleingebäcken gewünscht.

RUHEN/RASTEN
Die unterschiedlichen Bezeichnungen meinen grundsätzlich das Gleiche. Streng genommen unterscheidet der Fachmann zwischen der Teigruhe (nach dem Kneten), der Zwischengare (nach dem erneuten Zusammenschlagen des aufgegangenen Teigs) und der Stückgare (das Gehen des geformten Teiglings vor dem Backen).

SCHLEIFEN
Bezeichnung für das Rundformen von kleinen Teigstücken.

SCHWADEN
Beim Backen von Brot und Gebäck sorgt eine Bedampfung (das Schwaden) für beste Qualität. Das Bedampfen beginnt unverzüglich nach dem Einschießen des Teiglings in den Ofen. Der Dampf kondensiert dabei auf der Teigoberfläche und bewirkt mit der freiwerdenden Wärme, dass das Eiweiß gerinnt. Daraus resultiert die gewünschte Rösche der Backware. Auf der anderen Seite erhält der Dampf die Elastizität des Teigs und sorgt für optimalen Ofentrieb.

STÜCKGARE
Die Stückgare wird auch als Endgare bezeichnet und beschreibt die letzte Ruhe- und Reifephase des Teigs vor dem Backen. Dabei ist die Dauer der Stückgare entscheidend für Ofentrieb und Krumenstruktur. Während der Stückgare wird die Hefegärung angestrebt, deshalb sollte die Gartemperatur zwischen 28 und 35 °C liegen.

TA, TEIGAUSBEUTE
Die Teigausbeute sagt dem Fachmann, wie das Verhältnis von Mehl und Wasser im Teig ist. Die Mehlmenge entspricht dabei immer 100 %. Wenn man also von einer TA von 180 % spricht, sind im Teig 100 % Mehl und 80 % Wasser enthalten. Für Hobbybäcker ist eine TA von ca. 176–178 % gut anwendbar.

TEIGEINLAGE
Dieser Begriff beschreibt die Menge Teig, die für jedes Gebäckstück (Brot oder Kleingebäck) benötigt wird, also wie schwer das ausgewogene Teigstück ist.

TEIGFÜHRUNG
Die Teigführung beschreibt den kompletten Herstellungsprozess eines Backwarenteigs vom Vermengen der Zutaten bis zum Backen. Das Einhalten von Temperaturen und in den Rezepten beschriebenen Prozessabläufen sollte beachtet werden, um die gewünschten Gebäckeigenschaften zu erzielen.

TEIGLINGE (AUCH WIRKLINGE GENANNT)
Geformte, noch ungebackene Teigstücke.

TEIGRUHE
Zeitraum zwischen Knetende und Aufarbeitung.

TEIGTEMPERATUR
Gemessene, gewünschte oder eben bestehende Temperatur des Teigs nach dem Kneten.

TYPENZAHL
Die Typenzahl gibt den Mineralstoffanteil im Mehl an, dieser ist abhängig vom Ausmahlungsgrad.

WIRKEN
Teigstücke formen.

ZÖLIAKIE
Zöliakie bezeichnet eine chronische Entzündung der Dünndarmschleimhaut, die durch Gluten verursacht wird. Während Gluten im Normalfall ungefährlich ist, reagieren einige Menschen mit entsprechender Veranlagung auf Gluten. Die Dünndarmschleimhaut wird dabei durch Gluten geschädigt und die Aufnahme von Fetten, Zucker, Proteinen, Vitaminen, Mineralien sowie Wasser in den Körper behindert. Folglich kommt es zu Mangelerscheinungen mit vielfältigen Symptomen und Beschwerden.

ZUG „GESCHLOSSEN"
Bäckereien haben spezielle Backöfen mit einer Zugklappe. Soll mit Dampf gebacken werden, muss diese zum Entweichen von Dampf vorgesehene Öffnung (Dippel) des Backofens geschlossen sein, damit die entsprechende Feuchtigkeit im Ofen bleibt.

ZUG „OFFEN"
Zum Backen ohne Dampf wird diese spezielle Öffnung (Dippel) des Profi-Backofens geöffnet (bei haushaltsüblichen Backöfen wird einfach die Backofentür spaltbreit geöffnet).

ZUSAMMENSTOSSEN
Gärgase aus einem gegarten Teig durch Zusammendrücken bzw. Zusammenstoßen des Teigs entweichen lassen.

ZWEIDRITTELGARE (⅔) GARE
Bezeichnung für das Aufgehen des Teigs bis zu ⅔ seines optimalen Volumens, die Kontrolle erfolgt durch das Eindrücken des Brotes (siehe S. 54).

ZWISCHENGARE
Kurze Gare und Entspannung der geschliffenen Teigstücke bis zur Formgebung.

Was tun, WENN ...?

BÄCKERMEISTERS „ERSTE HILFE“

Jedem kann es passieren, dass beim Backen einmal etwas nicht hundertprozentig perfekt gelingt. Solche Missgeschicke oder Backfehler können verschiedenste Ursachen haben. In den meisten Fällen gibt es einfache Erklärungen dafür und auch Lösungsvorschläge, wie man den Backerfolg noch in letzter Sekunde „retten“ kann bzw. wie die Fehler beim nächsten Mal backen vermieden werden können. Auf den Seiten 60 und 61 habe ich bereits Fehlerquellen wie Säuerungs-, Krusten-, Krumenfehler, Fehler beim Aufarbeiten und Backen sowie andere Fehler beschrieben, ebenso deren Ursachen bzw. Auswirkungen auf das Backergebnis. Hier in Tabellenform eine Aufzählung weiterer möglicher Missgeschicke:

WENN ....?	WARUM?	WIE RETTEN?
... mein selbst angesetzter Sauerteig gleich am Anfang sehr sauer und gar nicht angenehm riecht?	zu kalter Sauerteig (dadurch entsteht zu viel Essigsäure)	Sauerteig wärmer weiterführen, also höhere Wassertemperatur (optimale Bedingungen siehe S. 39)
... mein Sauerteigbrot im Gärkorb nicht aufgeht und auch nach 3 Stunden noch keine Entwicklung des Teiges zu sehen ist?	zu kühle Raumtemperatur	wärmsten Ort in der Wohnung (im Haus) suchen und dem Brot noch mehr Zeit zum Gehen geben, optional den Backofen auf 35–40 °C vorheizen und das Brot dort gehen lassen

WENN ....?	WARUM?	WAS TUN BEIM NÄCHSTEN MAL?
... mein Brot schön aufgeht, aber beim Rausstürzen aus dem Gärkorb zusammenfällt?	zu wenig Spannung im Teig, zu viel Gare (Übergare, siehe S. 55)	mit mehr Druck rund wirken, ggf. Gehzeit vor dem Backen verkürzen
... mein Sauerteigbrot im Gärkorb nicht aufgeht?	zu kühle Teigtemperatur, zu schwacher Sauerteig	Wassertemperatur das nächste Mal erhöhen, ggf. minimaler Einsatz von etwas Hefe